事例でわかる 絶対もめない 相続 対策入門

［監修］税理士法人チェスター
［共同監修］円満相続を応援する税理士の会
［著］株式会社エッサム

あさ出版

はじめに～人ごとではない相続の実態

◉相続件数が増えていく日本

国立社会保障・人口問題研究所の「日本の将来推計人口（平成29年推計）」によると、日本は令和32年に人口1億人まで減少する見込みになっています。

高齢化社会の進行はあちこちで言われていますが、その先に待っているのは人口減少社会です。令和22年には出生数が約74万人であるのに対し、死亡数は約１６８万人。実に倍以上の開きがあります。この令和22年が死亡者数のピークです。

さらに令和47年には出生数約57万人に対し、死亡数は１５６万人と推計されます。生まれる人より死ぬ人が約３倍も多くなり、高齢化率が進行していきます。

この超高齢化社会・人口減少社会における問題は数多くありますが、これを「相続」という視点でみると、死者数の増加は、すなわち相続件数の増加を意味します。

ご存知のとおり、相続はスムーズなものばかりではありません。家族間でトラブルになったり、憎しみ合ったりすることもあります。つまり、相続件数の増加は、このような悲しい家族が増えてしまう可能性がある、ということでもあるのです。

これからは「自分はそういったトラブルに巻き込まれることはない」と言い切れない状況になっていきます。誰にとっても人ごとではありません。

実際、これまでの流れを見ても、課税対象となった被相続人の数は右肩上がりの傾向です。財産を受け継ぐ相続人も増えています。相続発生件数のうち、実際に相続税を支払う必要のある人はここ数年8％台で推移しており、課税価格の合計額は15・6兆円に達しました（平成29年分）。

家族間のトラブル防止、また節税という観点からも、不可欠なのが相続対策と言えます。

◉社会情勢に合わせた法改正も行われている

一方で、国もこの相続問題に対応しようと、社会情勢に合わせた法改正が行われています。

たとえば空き家問題です。特に地方では人口減少の進行が早く、空き家数が増加しています。日本全体でみると平成30年の空き家数は８４８万９０００戸（総務省統計局「土地統計調査」）。

全住宅に占める空き家率は13・6％と過去最高を記録しています。

空き家の相続は相続税の課税対象になりますし、たとえそこに住んでいなくても固定資産税がかかるなど、税金の負担があります。かといって、売却するには古くなっていたり、立地がよくなかったりして売りづらい、たとえ売れても譲渡所得がかかるという不都合もあります。そのため相続登記をせず、持ち主不明のままに放置される家もあり、問題となっているのです。

そこで、空き家を売却した際に得た譲渡所得には特例を設け、譲渡所得から最高3000万円まで控除できる改正を行っています。その他、なるべくスムーズに相続できるよう、負担が軽くなるよう、改正を続けています。

このような、高齢化社会に対応する税制改正は、今度もトレンドとなっていくでしょう。

◉トラブルの火種は消しておこう

一方で、税制は富裕層、資産家に対する課税を強化する傾向もあります。所得税にいたっては住民税を含めた最高税率55％、相続税の最高税率55％、さらに買い物をすると消費税10％。高税率のうえ、国も税金の穴をつぶそうとさまざまな対策をこらしています。何の対策も打たないでいくと、資産はどんどん削られていくわけです。

自分の資産は自分で守るという意志、知識が必要です。ときには専門家の力を借りながら、合法的な節税に励んでいかなければいけません。

相続対策は、「節税」と「家族間のトラブル防止」の2面性があります。どちらか一方が欠けても、家族全員が納得できる相続は叶いません。どちらにも配慮しながら、早め・早めの対策をほどこすことが大切です。早いほど対策の選択肢も多くなりますし、税務署から否認されるリスクも減らせます。

10年単位、資産の活用も含めるなら20年単位であれば、ライフプランも含めて考えることができます。平均寿命から逆算すると、60代からです。

死後を考えることはおっくうかもしれませんが、幸せな老後生活を送るプランと合わせて検討するなら前向きに取り組めるのではないでしょうか。相続対策をきっかけに、充実した人生計画を立てられるわけです。

本書は、令和の大相続時代に備える基本的な知識を中心に、トラブルを起こさないための対応策などを、事例とともに紹介しています。相続で家族の大切な絆をさらに強いものにできるきっかけになれば幸いです。

序章 令和の相続 こんなトラブルが増えている

第1章

相続の基本を知ってもめ事を避けよう

第2章

知る知らないで大違い！ 相続税の特例制度

第3章 生前にやっておけば安心の相続税対策

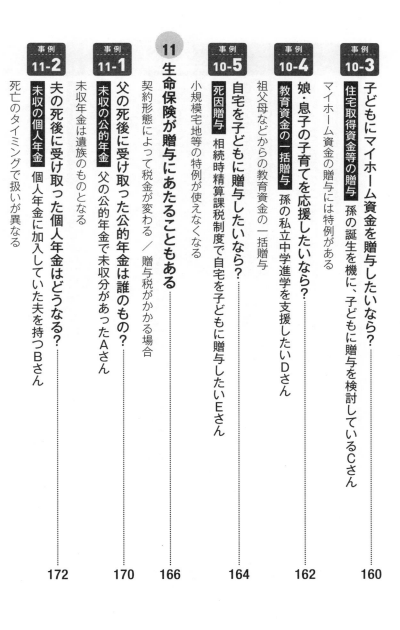

第4章

トラブルを防ぐためにやっておきたい相続対策

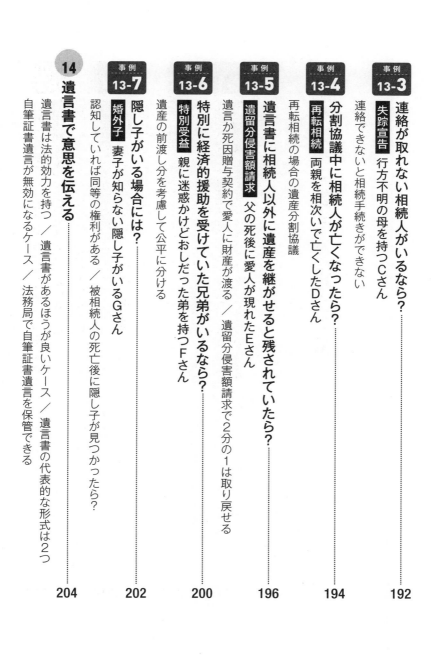

序章

令和の相続
こんなトラブルが
増えている

約40年ぶりに相続法が変わった

4つの改正ポイント

超高齢化社会・相続件数増加の流れの中で、平成30年に相続法が大きく改正されました。実は約40年ぶりとなる大改正です。

まずは、この改正で自分が亡くなったとき、また大切な家族が亡くなったときに相続がどう変わるのかを紹介しておきましょう。注目すべき改正点は4つあります。

❶「配偶者居住権」が創設された

配偶者居住権とは、亡くなった人名義の自宅に同居していた配偶者が、終身または一定期間、その建物を無償で使用することができる権利です（78ページ）。

これにより、**子どもなど配偶者以外の人の「負担付きの所有権」と、配偶者の「配偶者居住権」とに分けて、取得することができる**ことになりました。令和2年4月1日から施行されます。

配偶者居住権の創設前と創設後

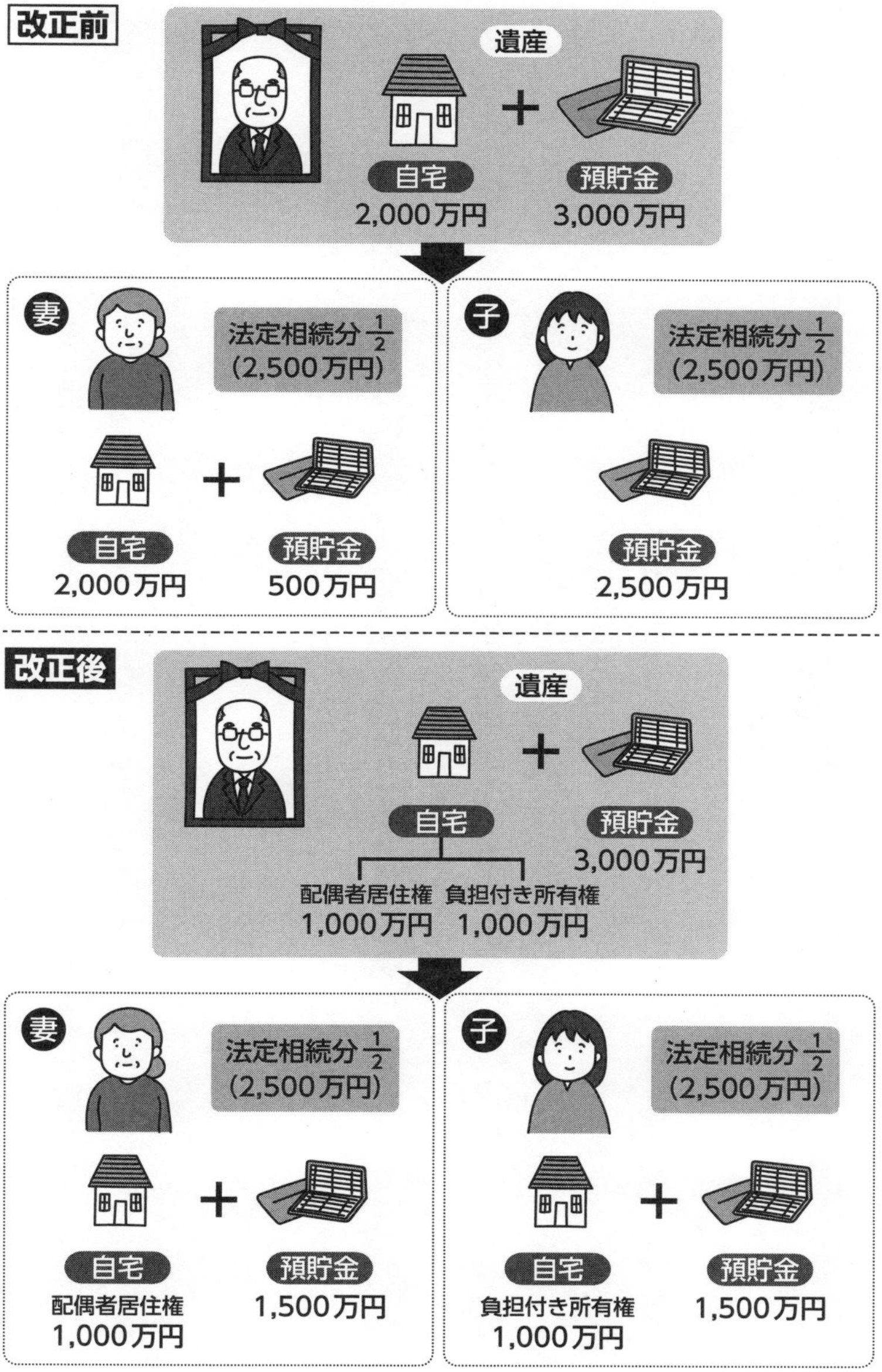

たとえば財産が自宅2000万円、預貯金が3000万円あった場合、遺産の合計額は5000万円です。改正前は「配偶者が自宅2000万円と預貯金500万円」「子どもが預貯金2500万円」といった分け方が多かったのですが、これでは配偶者の今後の生活費が心配になってしまいます。

そこで、改正後は「配偶者が自宅の配偶者居住権1000万円と預貯金1500万円」「子どもが自宅の負担付き所有権1000万円と預貯金1500万円」とできるようになりました。これなら、生活費の心配をすることなく、配偶者は住み慣れた我が家に暮らすことができます。

❷自筆証書遺言に添付する財産目録の作成がパソコンでOKになった

これまで、自筆証書遺言（207ページ）は、添付する目録を含めて、全文を手書きで作成する必要がありました。ただでさえ作成するのがおっくうになりがちな遺言書ですが、添付する相続財産の目録はパソコンで作成することが認められることになり、通帳のコピーなどもOKになりました。

遺言書作成の負担が大きく減ったため、これを機にぜひとも遺言書を作成してください（207ページ）。令和元年1月13日から施行されています。

自筆証書による遺言書が法務局で保管できる

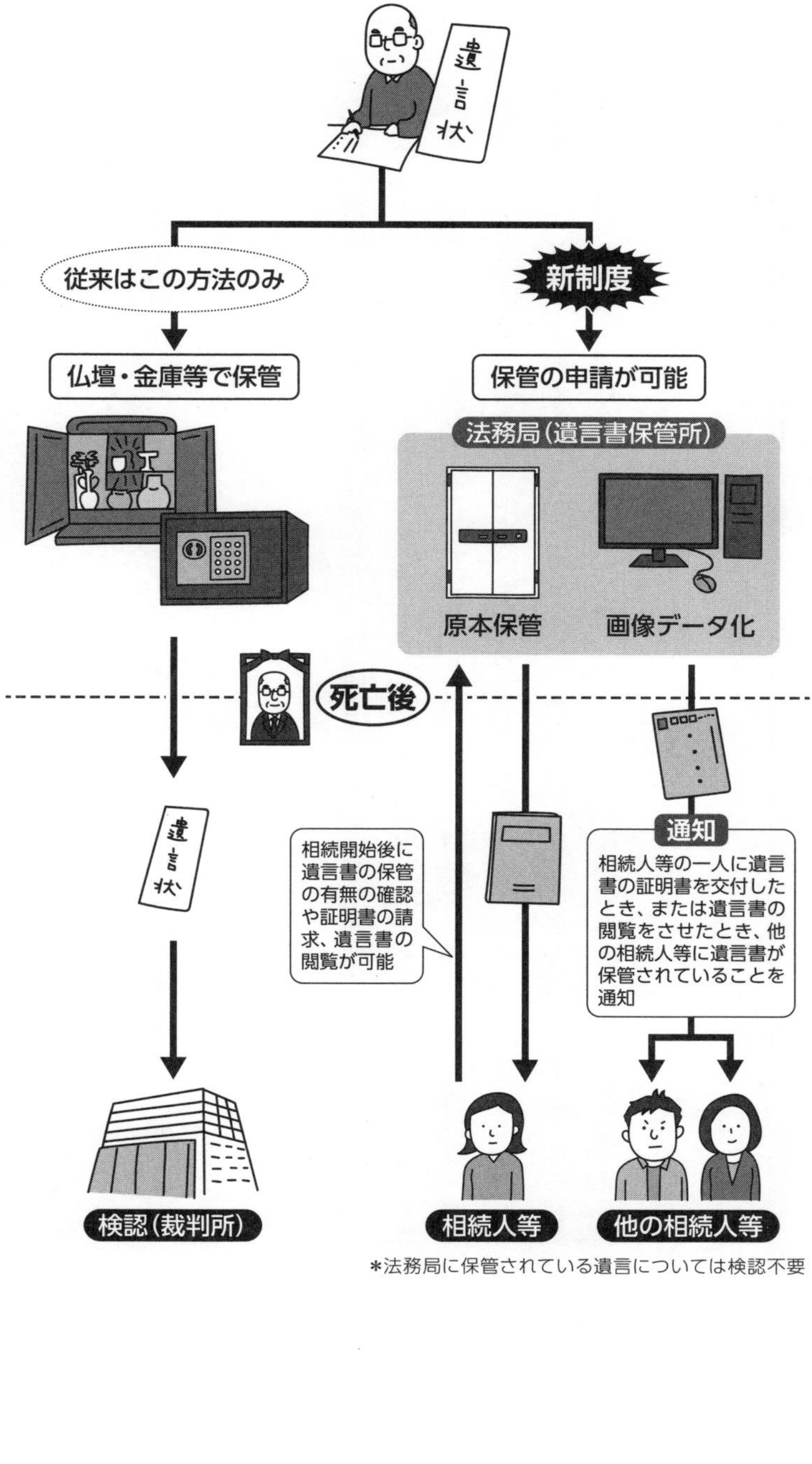

＊法務局に保管されている遺言については検認不要

❸自筆証書による遺言書が法務局で保管できるようになった

自筆証書による遺言書は自宅で保管することが多く、せっかく作成しても、見つけてもらえなかったり、書き換えられたりするリスクがないわけではありません。ときには、「この遺言書は本物なのか」などと、遺族の争いのきっかけになりかねないと言えます。

そこで、自筆証書遺言の利用のしやすさを目指して、法務局で遺言書を保管する制度が創設されました。令和２年７月10日から施行されます。

❹被相続人の介護や看病に貢献した親族は金銭請求できるようになった

通常、法定相続人だけが相続することが多いのですが、現実には長男の妻など相続人ではない親族が介護や看病をするケースが多くあります。しかし相続人ではないため遺産の分配が行われず、不公平感を抱える人も多くいました。

そこで、無償で被相続人の介護や看病に貢献した人は、相続人に金銭の請求をする権利が認められました。無償で行うことで、亡くなった人の財産の維持や増加に寄与したと考えられるからです（56ページ）。

その他の改正ポイント

4つのポイントのほかにも、さまざまな改正が行われています。そのなかから代表的なものについて紹介しましょう。

◉配偶者短期居住権

配偶者短期居住権とは、亡くなった人名義の建物に配偶者が同居していた場合、遺産分割が行われるまでその建物に無償で住むことができる権利です。

これまで、遺産分割協議が予想以上に長引いてしまうと、残された配偶者が住まいに困ることがありました。しかし、この権利が認められたため、原則として遺産分割で誰がその家を相続するか確定した日（分割が早く終わった場合は亡くなった日から6ヶ月を経過する日）まで、これまでの住まいで暮らすことができます。令和2年4月1日から施行されます。

◉自宅の生前贈与が特別受益の対象外になる方策

以前は、配偶者に自宅の遺贈または贈与をしても、遺産の先渡し（特別受益）と判断されていました。そのため、遺産分割時に受け取る財産の総額から先渡しの分が差し引かれていました。

しかしこれでは、配偶者のその後の生活が心配です。そのため、**配偶者に自宅の遺贈または贈与を行っても、原則として遺産分割の際にも特別受益としないようになった**わけです。自宅を生前贈与で受けても、配偶者はより多くの相続財産を得られるため、生活の心配が少なくなったと言えるでしょう。

なお、この改正が適用されるのは、結婚期間が20年以上の夫婦の場合です。

◉遺産分割前に被相続人名義の預貯金が一部払い戻し可能

亡くなった人の預貯金は相続財産ですから、改正前は遺産分割が終わるまで、預貯金を払い戻すことができませんでした。そのため、これでは未払いの入院費、葬儀費用の支払い、未払いの光熱費などの支払いに困るケースが多かったようです。

この問題を解決するため、**遺産分割前でも預貯金債権のうち一定額については家庭裁判所の判断を経ずに払い戻せる**ことができるようになりました。

◉遺留分侵害額請求権で金銭支払いが可能に

法定相続人には遺留分（51ページ）が認められているため、**特定の人に遺産が集中し、遺留分に満たない遺産しかもらえなかった場合は、遺産を多くもらった人に遺留分まで不足分を請求することができます**（遺留分減殺請求）。

ただこれでは、たとえば分けづらい遺産があるときに不便です。財産がほぼ不動産だけで、預貯金が少ない場合、相続人の間で公平に分けることがむずかしくなります。

自宅の生前贈与が特別受益の対象外に

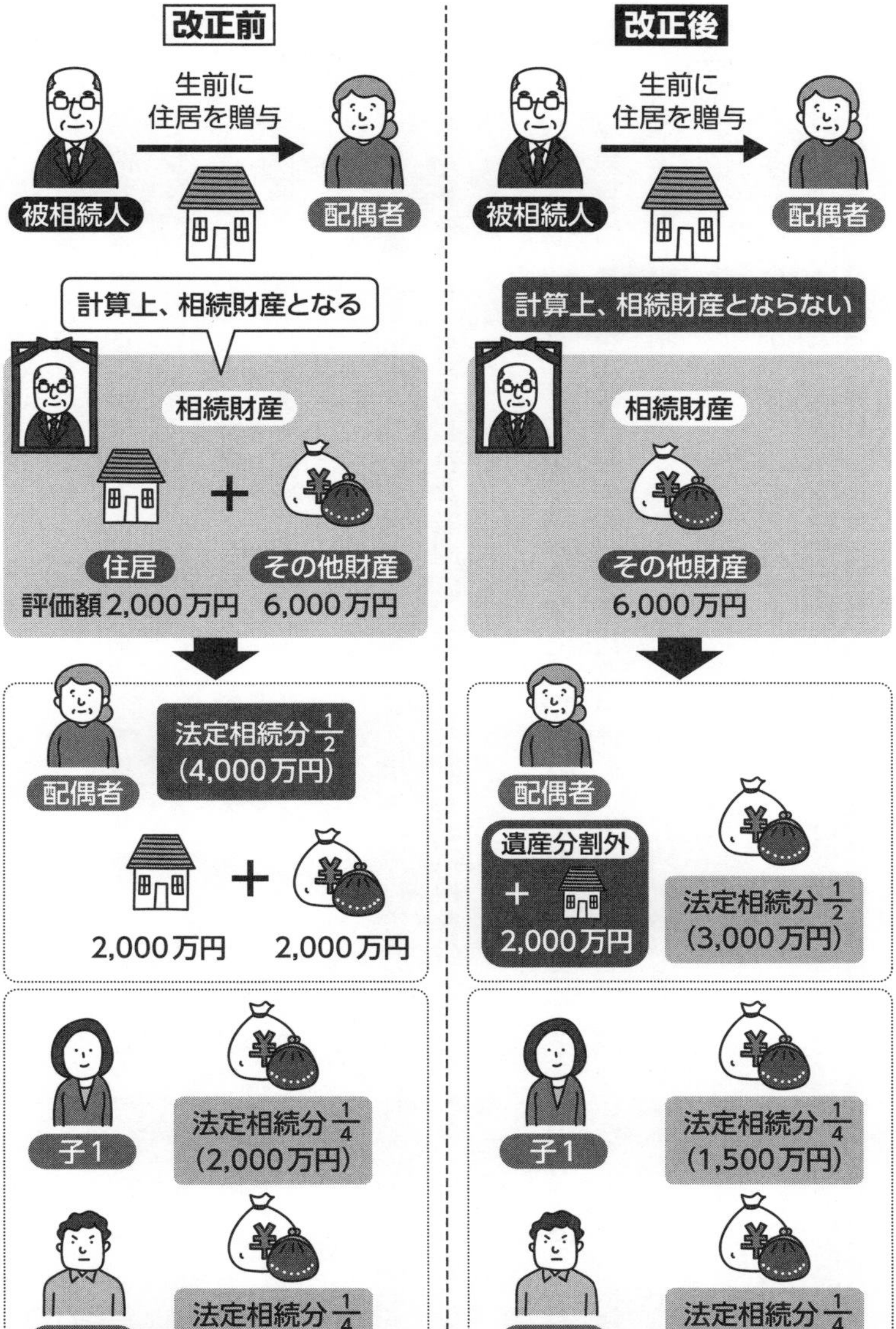

そのうえ、民法の改正前には、遺留分の請求があった場合、原則としてその贈与・遺贈を受けた財産そのものを渡すことになっていました。例外として金銭で支払うことも可能でしたが、遺留分を請求する側が金銭での支払いを要求することはできず、支払う側の選択にすぎませんでした。

これでは、たとえば財産が５０００万円の不動産のみで、預貯金がわずかな場合、不動産を受け継ぐ人以外は不公平感を感じてしまいます。「金銭で支払ってもらおう」と考えても、受け継ぐ人にそのお金がなければ簡単ではありません。

残る方策としては「共同名義」ですが、ここまでの過程で関係がこじれてしまっていることも多くありました。こじれた者同士の不動産共有名義は後々のトラブルが目に見えています。

そこで改正後は、**遺留分を請求をする側が金銭での支払いを請求することができるようになりました。これを遺留分侵害額請求権と言います。**すぐにお金が用意できない場合、裁判所に猶予を申し出る制度も設けられています。これなら、納得感が増えるでしょう。

また、**遺留分の算定方法も見直されました。**これまで家計の援助などをのぞいて、相続人への生前贈与はすべて遺留分の計算の対象に含まれていましたが、過去10年以内の生前贈与に限定されることになりました。

◉改正の意図をつかむ

全体として、今回の改正は超高齢化時代の実態に沿ったという印象を受けます。「配偶者居住権」も「自宅の生前贈与が特別受益の対象外」も、配偶者のその後の長い人生を支える制度となっています。「自筆証書による遺言書の財産目録」のパソコン作成が認められたのは、遺言書の作成の手間を少なくして相続の多様化に対応するためでしょう。

被相続人の介護や看病を担った人に金銭を請求する権利を認めている（56ページ）ことも、年老いた親を看ることの苦労を評価しているようです。

遺留分侵害額請求は、亡くなった人と同居していた子どもを優遇した政策ととらえることができます。相続人となる子ども2人がそれぞれ別に自宅を構えていれば、実家を売却して得た金銭を得られますが、自分が今住んでいる家は売却したくないという気持ちがあるのは当然でしょう。「長年同居していた家は、同居していた人に」という意図もうかがえます。

人生100年時代と言われますが、老後の生活が長くなるということは、その分、必要なお金も必要になるということです。病気になることも、その時間も長くなる可能性があります。もちろん、痴呆症などの問題を抱えることもあるでしょう。

これらによる問題を防ぐ、または苦労に報いるという視点は、今後の相続法の改正にも取り入れられていくと考えられます。

こんなはずじゃなかった相続トラブル

トラブル例を知って、争族を防ごう

相続に関しては、「うちに限って」が通用せず、思わぬことからトラブルが起きてしまうことがあります。もめない対策を知る前によくある相続トラブルをあらかじめ把握しておくことも大切です。

ケース① 長男が母の面倒を見ていたのに……

長男は長年、母親と同居し、生活や病院通いなどの面倒を見ていました。二男は飛行機で行き来するくらい離れた場所で暮らしており、疎遠になっています。しかし、母親の死後、二男が自らの法定相続分である2分の1を主張。長男は納得できません（40ページ）。

親の面倒を見ていた長男と疎遠の二男

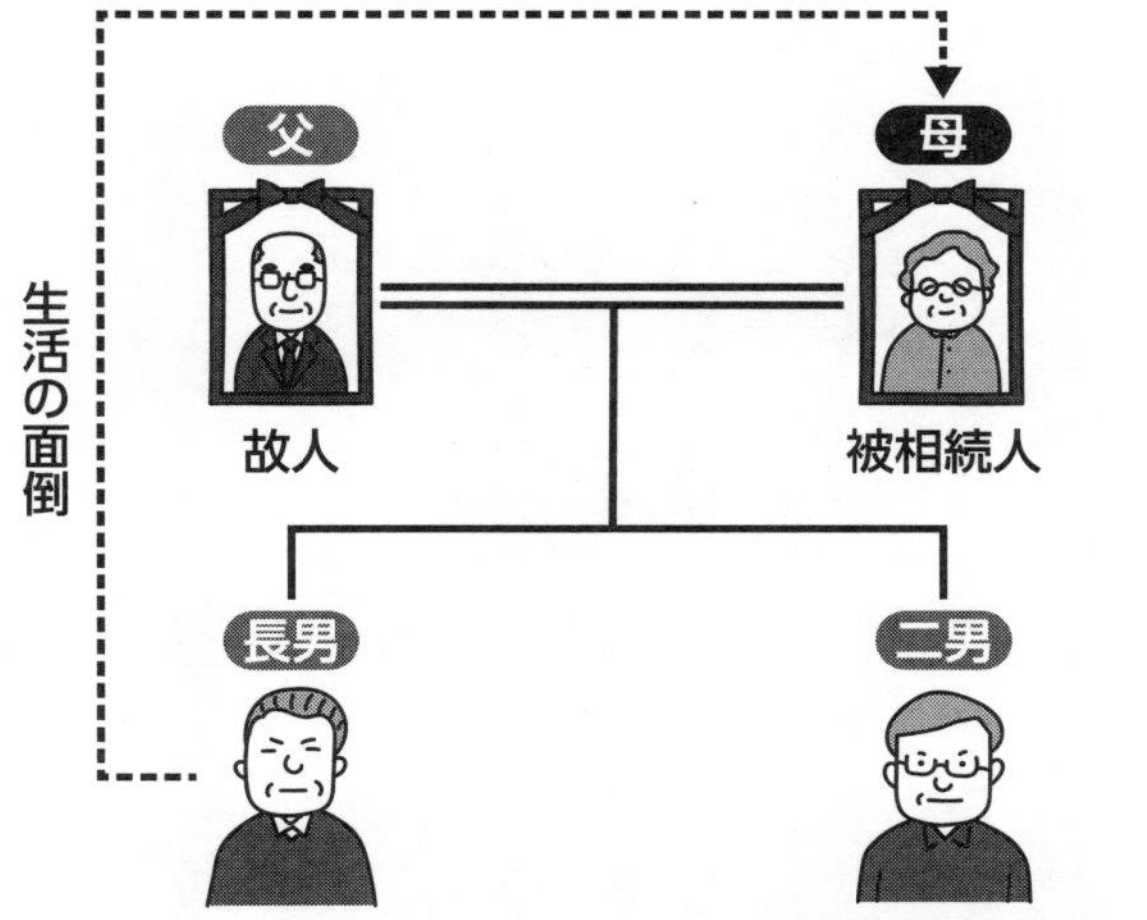

◉原因

民法では、親の介護をした相続人が多く相続できるという決まりがないため、このような問題が起きています。高齢化社会ならではのトラブルでしょう。**亡くなった人の財産の維持・増加に貢献した場合には「寄与分」という権利を認めていますが、単に生活の面倒を見ていた、介護をしていたというだけでは不十分です。**親の介護費用を負担していた、無償で介護をしていたなどの場合にしか認められない権利になっています。

◉予防策

特別、世話になったと感じる相続人がいる場合には、遺言を残してその人に多くの遺産を渡せるようにするのがおすすめです。また、生命保険に加入して、受取人を世話になった相続人に指定しておく方法もあります。

いずれにせよ生前にできる対策ですから、相続が起きてしまった後では相続人同士で話し合い、納得してもらうことが必要になります。

ケース② 親が遺言書を書くと言っているうちに認知症に……

資産家の親を持つ3人の兄弟は、事あるごとに「死ぬ前に遺言書を書いておくから、兄弟でもめないように」と口にしていました。その言葉を聞いて育った兄弟は、親の意思を尊重しようと考えていましたが、「そのうち」と言いつつ、なかなか遺言書を書く様子がありません。兄弟も「健康にも問題がないから大丈夫だろう」と考えていましたが、そうこうしているうちに親が認知症と判断され、途方にくれています（204ページ）。

◉原因

絶対に遺言書を書こうと思っている人でも、実行に移すのはむずかしいことがあります。健康に自信がある人は特に先延ばしにしがちですが、高齢化社会が進行するということは、認知症と診断される人も増えるということです。

実は、**認知症になると遺言書を作成することができなくなります。作成しても、「意思表示できる状態ではなかった」と判断されれば、遺言書が無効になってしまいます。**そのため、遺

資産家の父がいる３兄弟

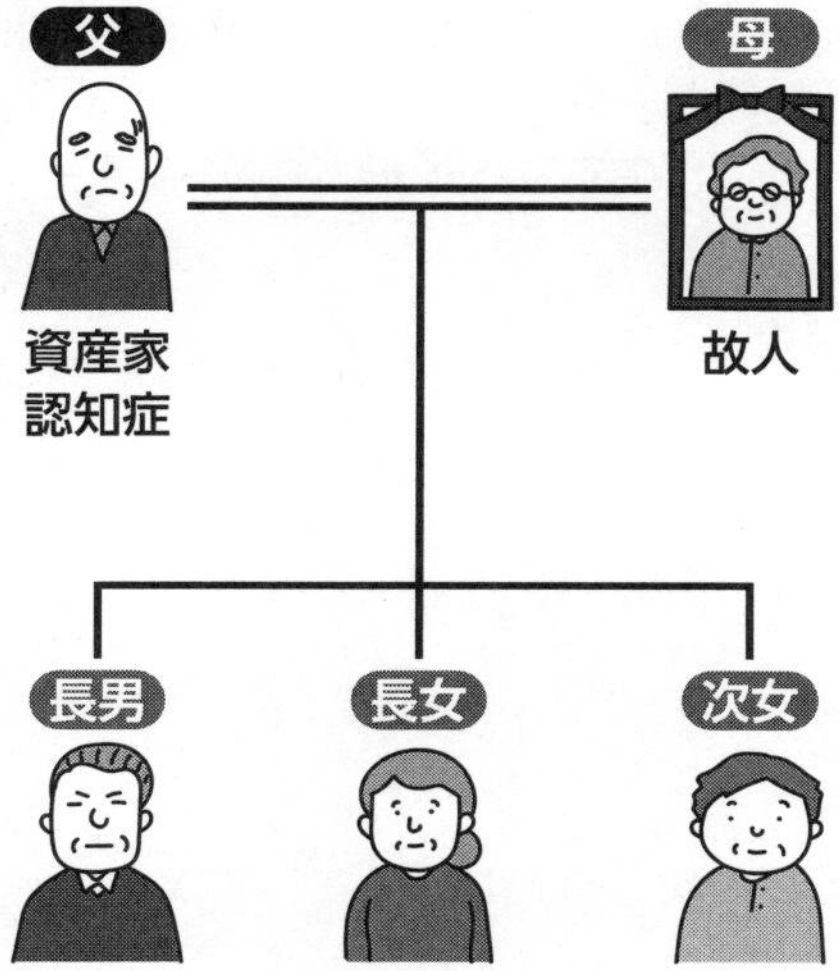

言能力があったかどうかの争いに発展することもあります。

高齢化社会は令和の時代にますます進行しそうです。誰にとっても訪れる可能性が高いリスクです。

◉予防と対策

なるべく早く遺言書を書くのが先決です。

すでに認知症と診断されてしまった場合、医師の診断のほか、遺言の経緯、遺言をする前後の生活状況や精神状態も含めて総合的に判断されます。遺言書を作成する時点の状況を確認するためにも、まず一度医師に相談し、生活状況などを推定相続人同士で確認してみましょう。

付き合いのない父の借金

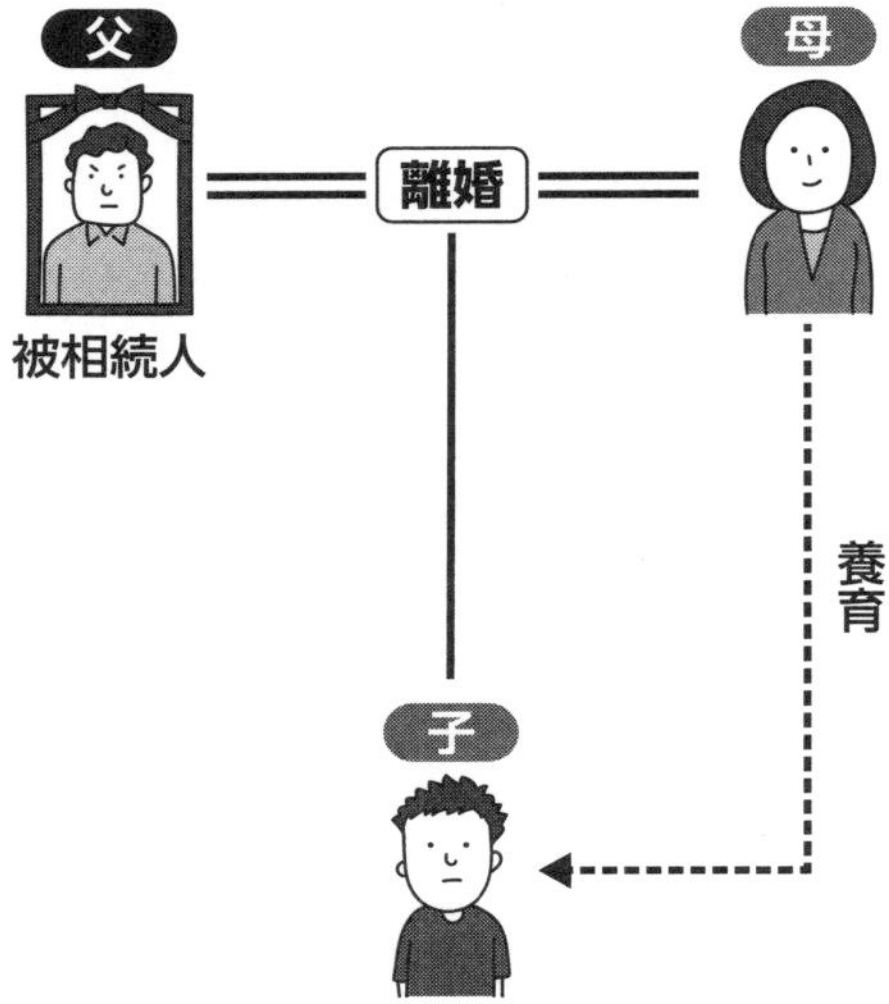

ケース③ 相続放棄の期限を過ぎてから相続を知った……

両親が離婚して母親に育てられた子どもが、付き合いのなかった父親の死を知ったときはすでに半年を過ぎていました。死去を知ったきっかけは、父の生前の借金返済を求める金融機関からの連絡でした。

しかし、すでに相続放棄ができる3ヶ月の期限を過ぎています。

◉原因

原則として、相続放棄は3ヶ月以内に手続きをする必要があります。しかし、父とも、父方の親族とも付き合いがなかった場合、すぐに死亡を知らせる連絡があるとは限りません。ある意味、この子どもには仕方がなかった事情もあります。

◉対策

相続放棄は「死亡から3ヶ月以内」と言われますが、正しくは「相続の開始があったことを知ってから3ヶ月以内」です。通常は死亡の事実はすぐにわかりますから、「死亡から3ヶ月以内」と表現されるだけで、この子どもはまだ期限内と考えられます。

事情を申し出れば相続放棄が認められますので、すぐに家庭裁判所で手続きをするようにしましょう。事情を裏付ける証拠を添付するとスムーズです。

なお、「死亡を知らなかった」以外の理由、たとえば「個人の借金を3ヶ月以上経ってから知った」というケースなどでも、相続放棄が認められる可能性はあります。手続きできなかった事情を記した申述書を作成して、家庭裁判所で手続きしましょう。

ケース④ 節税対策が余計なトラブルを招くとは……

親から「相続税の対策に」と贈与を受けた人がいました。ところが、いざ親が死亡した際、その贈与が認められず、名義預金として相続税の課税対象になってしまいました。

親も子どもも「生前贈与」という認識だったのに、節税対策が無駄になってしまうどころか、相続税の負担が大きくなってしまいました。子どもとしては、「親がしっかりやってくれている」と考えていたのが裏目に出たようです。

生前贈与が名義預金になるケース

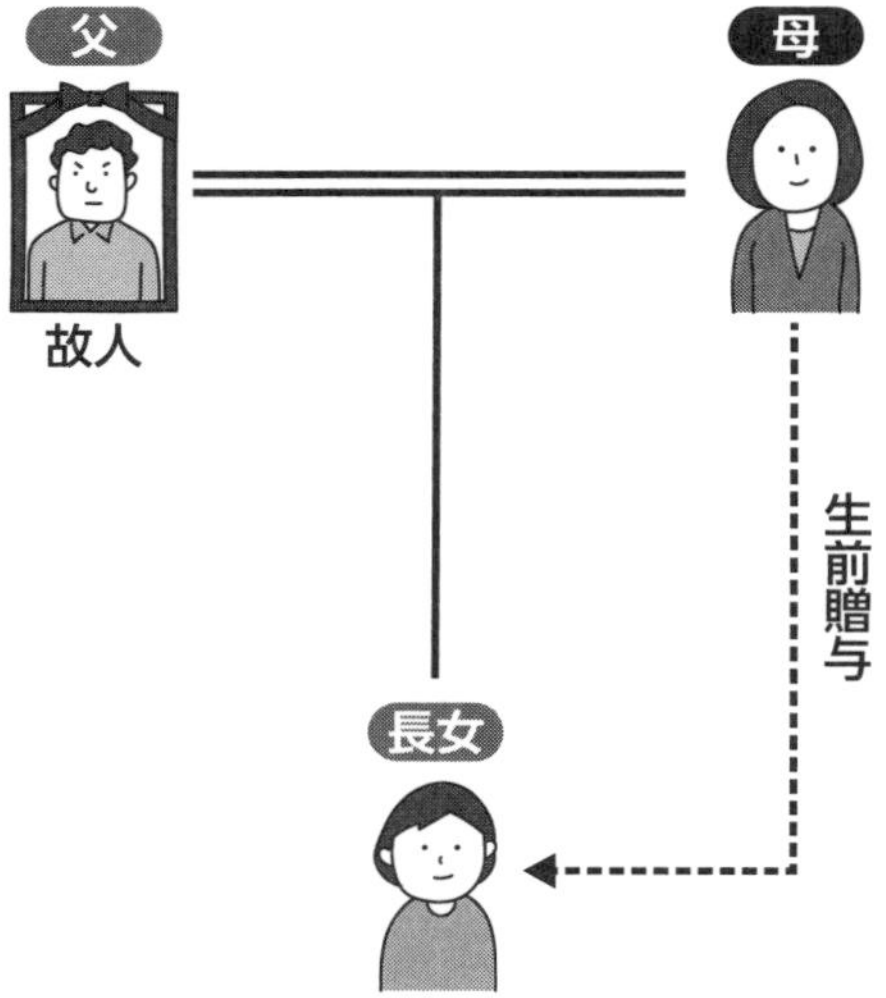

◉原因

親を信頼していた子どもが、どの口座に、いくら入金されているか知らなかったことが原因です。贈与の契約自体は、贈与する側、される側の双方の合意があれば成立しますが、贈与したお金を入金した預金口座を保管していたのは親だったとすると、名義預金を疑われてしまいます。

◉予防

名義預金と判断されないためには、「贈与契約書を作成する」「銀行振込で贈与する」「通帳や印鑑は贈与された人が管理する」ことが大切です（１４６ページ）。

家族でお金のやり取りをするのに、契約書を作ったり銀行振込をするのは、大げさと感じるかもしれません。しかし、贈与であるという客観的な事実、証拠があれば無用なトラブルを避けることができます。

また、口座は贈与を受けた人が管理するようにします。「無駄づかいしないように管理してあげよう」という親心で通帳や印鑑を預かることがありますが、名義預金だと判定される可能性が高くなってしまいます。

ケース⑤ 孫との養子縁組が争いのきっかけに……

長男ファミリーと二男ファミリーがいる男性の話です。妻はすでに故人となっています。相続税の計算では、法定相続人が多いほど納税額が安くなるしくみになっています（60ページ）。この制度を利用し、長男の子ども、つまり孫を1人相続人としました。

たしかに、法定相続人が増えると非課税枠が600万円増えるため、節税効果があるのですが、一方で一人あたりの取り分は減ってしまいます。長男、その子ども（孫）、二男の法定相続分はそれぞれ3分の1。「孫を養子にしなければ、半分は自分のものだったのに」と二男ファミリーの怒りを買ってしまいました。長男ファミリーの取り分が2分の1から3分の2に増えたので当然でしょう。

長男ファミリーの孫を養子にしてトラブル発生

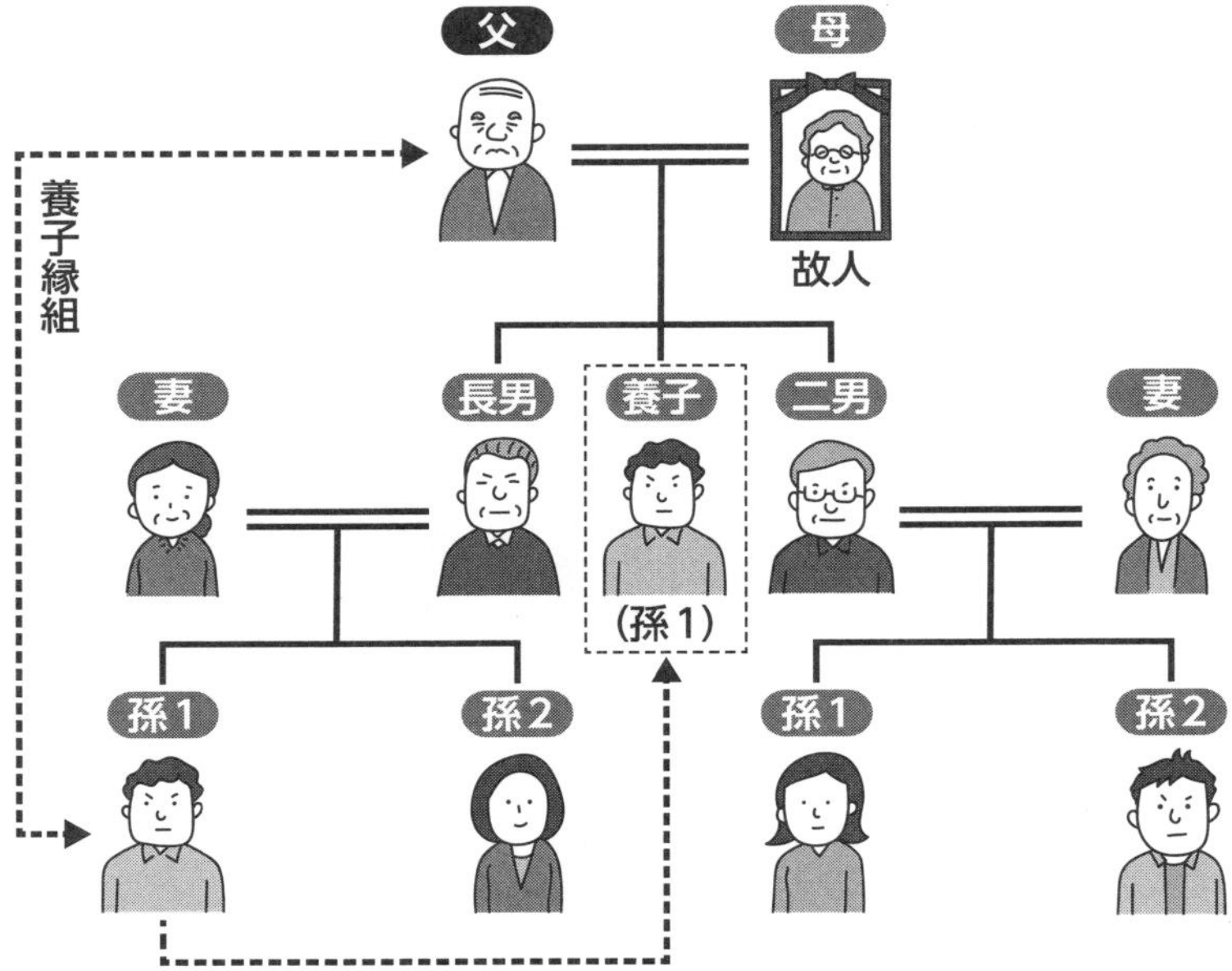

◉原因

孫を養子にして法定相続人を増やし、生前対策とすると、方法によっては争いのもとになるので注意が必要です。この場合は取り分のことまで考えていなかったことが原因となっています。男性が「養子縁組はあくまで節税対策のため」と説明し、長男と二男に理解を求めたうえで、遺産分割では長男の子ども（孫）の分は考慮せず、長男と二男で2分の1ずつにすることを約束していれば、トラブルにはならなかったかもしれません。

ただし現実は、長男が3分の2を主張するケースはままあります。

◉対策

男性が長男ファミリーと二男ファミリーに平等に財産を分けたい場合は、二男ファミリーの子ども（孫）とも養子縁組をするとよいでしょう。法定財産分は一人あたり4分の1ずつとなり、家族単位で考えると半分ずつになります。

ただし、**実子がいる場合、養子を非課税枠の計算で考慮できるのは1人だけとされているので、節税効果としては2人目の養子は意味がありません**（144ページ）。あくまで遺産を平等に分けるために行うものです。

逆に、「二男ファミリーにはあまり財産を引き継ぎたくない」という場合、長男の子ども全員と養子縁組すると、次男の法定相続分を減らすことができます。

策士策に溺れることもある

その他、安易な相続対策がかえってトラブルを招くことはあります。

空き地にアパートを建て、相続税は節税したけれど（175ページ）、立地が悪すぎて空き室が多く、借入金の返済に四苦八苦する話もその例です。特に親世代で土地が高騰した頃に購入した物件が、子世代の相続財産として引き継がれるタイミングですから、類似の例が増えてくるのではないでしょうか。

令和元年には、税理士、金融関係者や不動産業界でも話題となったニュースがありました。ある資産家が、相続対策として賃貸用不動産を2件購入し、その約3年後に亡くなります。

賃貸用の不動産は購入金額より約7〜8割安く評価されます。さらに購入資金は銀行からの借入金でまかなっていたため、相続税は0円に。

ところが、一般的に認められるこの手法に対し、税務署が更正処分を行いました。相続人と税務署の意見は平行線で、地方裁判所の判断を仰ぎます。結果、納税者の主張は棄却。税務署の言い分が認められました。

税務署は「評価通達の定めにより評価することは著しく不適当な場合には国税庁長官の指示で評価する」旨の通達に基づいた主張だったのですが、金融資産を不動産に資産替えし（174ページ）、節税する手法は一般的です。

この例の場合、被相続人が90歳だったこともあって、年齢から見ても不動産投資は合理的ではない、評価額が鑑定評価額とかけ離れていた、銀行の稟議書に「相続対策」の記載があったなどの理由で税務署の主張を認めました。

さらに、相続人が遺産分割協議後、半年も経たないうちにその不動産を売却したことも、裁判にはマイナスに働いたようです。購入価格とあまり変わらず売却できたため、結局は相続の一時だけ、資産を不動産にし、相続前と後で同じだけの現金を手にしたと考えられても仕方がありません。

有り体に表現すると、やりすぎと判断された事例でしょう。節税は大切ですが、スタンダードな手法であっても、極端に法律の穴をつくと、策に溺れることがあります。

第1章

相続の基本を知って
もめ事を避けよう

1

相続ができる人と法定相続分の割合

相続できる人は民法で定められている

人が亡くなると、遺言書（２０４ページ）がない場合には親族が故人の所有していた財産を引き継ぎます。**これが相続で、故人を被相続人、財産を引き継ぐ人を相続人といいます。**

ただし、親族だから無条件に相続人になれるわけではなく、民法によって親族の範囲とその相続割合も定められています。

まず、親族の範囲は以下の４つです。

- **常に相続人となる**

配偶者

- **優先順位の最上位の者だけが相続人となる**

〈第1順位〉子どもなど（直系卑属という）
〈第2順位〉親など（直系尊属という）
〈第3順位〉兄弟姉妹（場合によっては甥や姪）

このうち、配偶者については必ず相続人となりますが、子ども、親、兄弟姉妹については優先順位が定められていて、最上位の者だけが相続人になります。
たとえばある男性が亡くなったとき、妻と、子どもがいる場合には子どもが相続人となります。子どもがいない場合には親などにその権利が移り、子どもも親もいない場合には兄弟姉妹に権利が移るわけです。

なお、民法の規定では、故人のおじやおば、いとこなどは相続人にはなれません。これらの人に承継したい場合には、遺言書でその意思を残しておく必要があります。

法定相続分はどの程度を相続できるかの目安

相続人が決まると、誰が、どの財産を、どれくらい相続するかを決める話し合いを行います。この話し合いのことを遺産分割協議と言います。遺言書があれば原則としてのその内容に従いますが、ない場合にはスムーズに協議が進まないこともあるでしょう。

そこで、**民法では誰がどの程度を相続するかの目安を定めていて、このことを法定相続分といいます。**

❶配偶者と子どもが相続する場合

配偶者と子どもが2分の1ずつ相続します。子どもが複数いるケースでは、2分の1を子どもの数で均等に分けます。

❷配偶者と親が相続する場合

配偶者が3分の2、親が3分の1を相続します。親が複数いるケースは3分の1を均等に分けます。

❸配偶者と被相続人の兄弟姉妹が相続する場合

配偶者が4分の3、兄弟姉妹が4分の1を相続します。兄弟姉妹が複数いるケースは4分の1を均等に分けます。

❹配偶者のみ、またはその他相続人のみが相続する場合

配偶者しかいない場合には配偶者が全部を相続します。配偶者が故人の場合は①子ども、②親、③兄弟姉妹の優先順位に従って全部を相続します。同順位の相続人が複数人いる場合には均等に分けます。

被相続人の範囲

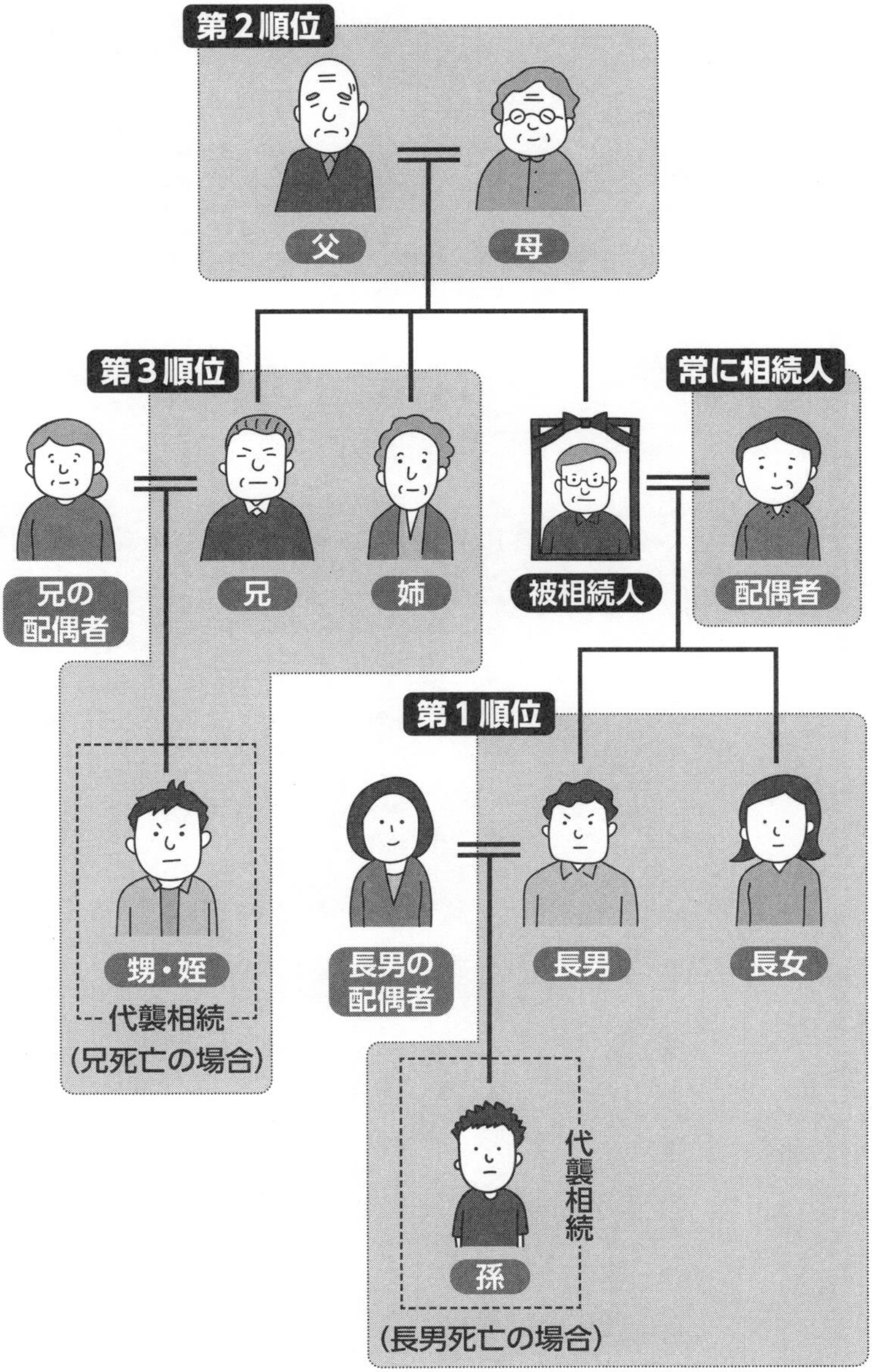

第2順位
父
母
第3順位
兄の配偶者
兄
姉
被相続人
常に相続人
配偶者
甥・姪
代襲相続
(兄死亡の場合)
第1順位
長男の配偶者
長男
長女
孫
代襲相続
(長男死亡の場合)

たとえば、配偶者と子どもが2人いる場合、配偶者が2分の1を、子ども2人がそれぞれ4分の1ずつを分けることになります。

その他のケースは、左図にまとめてありますので参考にしてください。

遺産分割協議の際には、この法定相続分をもとに話し合いを行いますが、この法定相続分は目安であることに注意が必要です。必ずしも法定相続分どおりでなくてもかまわないため、話し合いがこじれてしまうこともあります。

また、たとえば「遺産が土地しかないため相続人の間で分けづらく、不公平感がある」など、個別のケースに対応しづらいこともあります。

何度話し合いをしても結論が出ない場合などは、家庭裁判所に調停を申し立て、遺産分割協議を進めることになります。

相続の割合目安となる「法定相続分」

配偶者がいる場合

- 第1順位（子・孫）がいる：配偶者2分の1／子2分の1
  子が3人の場合　6分の1ずつ
- 第2順位（父母）がいる：配偶者3分の2／父母3分の1
  父母ともいる場合　6分の1ずつ
- 第3順位（兄弟姉妹）がいる：配偶者4分の3／兄弟姉妹4分の1
  兄弟姉妹が2人の場合　8分の1ずつ
- 上記親族がいない場合：配偶者が全部

配偶者がいない場合

- 第1順位（子・孫）がいる：子どもが全部
  子が3人の場合　3分の1ずつ
- 第2順位（父母）がいる：父母が全部
  父母ともいる場合　2分の1ずつ
- 第3順位（兄弟姉妹）がいる：兄弟姉妹が全部
  兄弟姉妹が4人の場合　4分の1ずつ
- 上記親族がいない場合：相続人なし

事例

1-1

子どもが死亡していたら、誰が相続人になる？

代襲相続

息子を亡くしたAさん夫婦

元会社員の故人Aさんには娘と息子がいましたが、息子に先立たれ、娘は隣県で暮らしているため、長年、妻と2人で暮らしていました。息子には忘れ形見の孫が1人います。

Aさんには兄が1人いますが、妻は自分のほかに誰が相続人になるのかわからず、手続きの前に不安を抱えています。

孫が第1順位の相続人になる

配偶者は常に相続人となりますが、第1順位の子どもが被相続人より前に亡くなっている場合、代襲相続が行われます。**代襲相続とは、亡くなった子どもの子ども、つまり孫が直系卑属として相続人となることです。この場合、孫は代襲相続人と呼ばれます。**

息子を亡くしたAさんの代襲相続

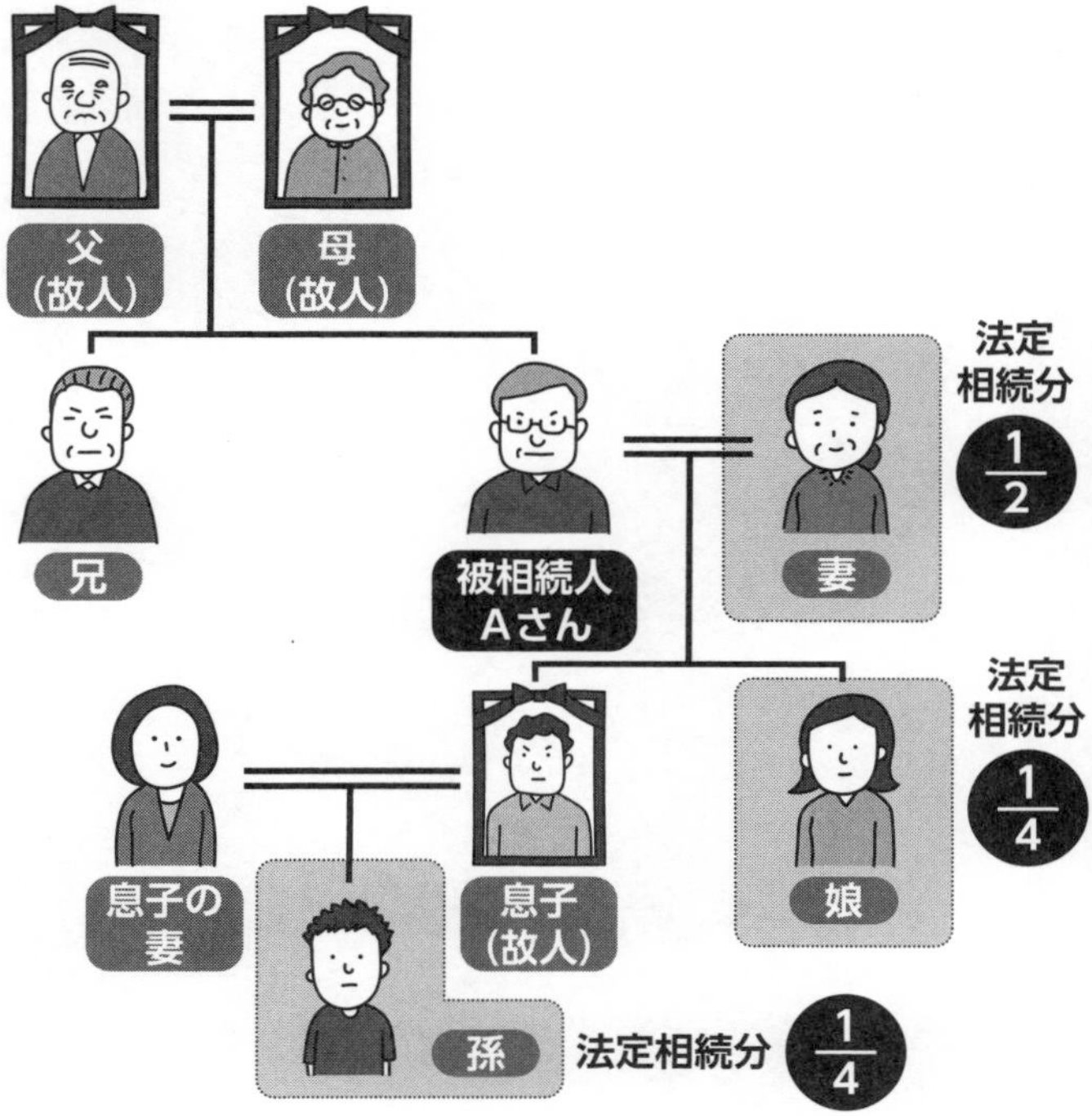

不幸なことに孫も死亡しており、ひ孫がいる場合にはひ孫が代襲相続人となります。

もしAさんに娘も息子の孫やひ孫もいない場合、相続人は兄となりますが、兄も亡くなっていた場合には兄の子ども、被相続人から見ると甥や姪に相続の権利が移ります。これも代襲相続です。ただし、兄弟姉妹の代襲相続は兄弟姉妹の子どもまで、1代限りとなります。

Aさんのケースの法定相続分は、妻が2分の1、娘が4分の1、孫（亡くなった息子の息子）が4分の1ずつとなります。

事例

1-2

養子縁組した子どもは相続できる？

法定相続人の範囲

実子が1人、養子が2人いるBさん

妻を亡くして一人暮らししているBさんには妻との間に生まれた実子が1人いますが、親を亡くした親類の子どもを2人養子縁組しています。

養子2人は法定相続人となるのでしょうか。

相続税の計算上、養子の数に制限がある

養子には実子と同じく、相続権があります。養子縁組は何人とでもできるため、養子縁組した子どもは全員に相続権があるわけです。

注意が必要なのは、相続税の計算（58ページ）の際に養子の数が制限されていることです。

- **被相続人に実子がいる場合**……1人まで
- **被相続人に実子がいない場合**……2人まで

親類の子どもと養子縁組したBさん

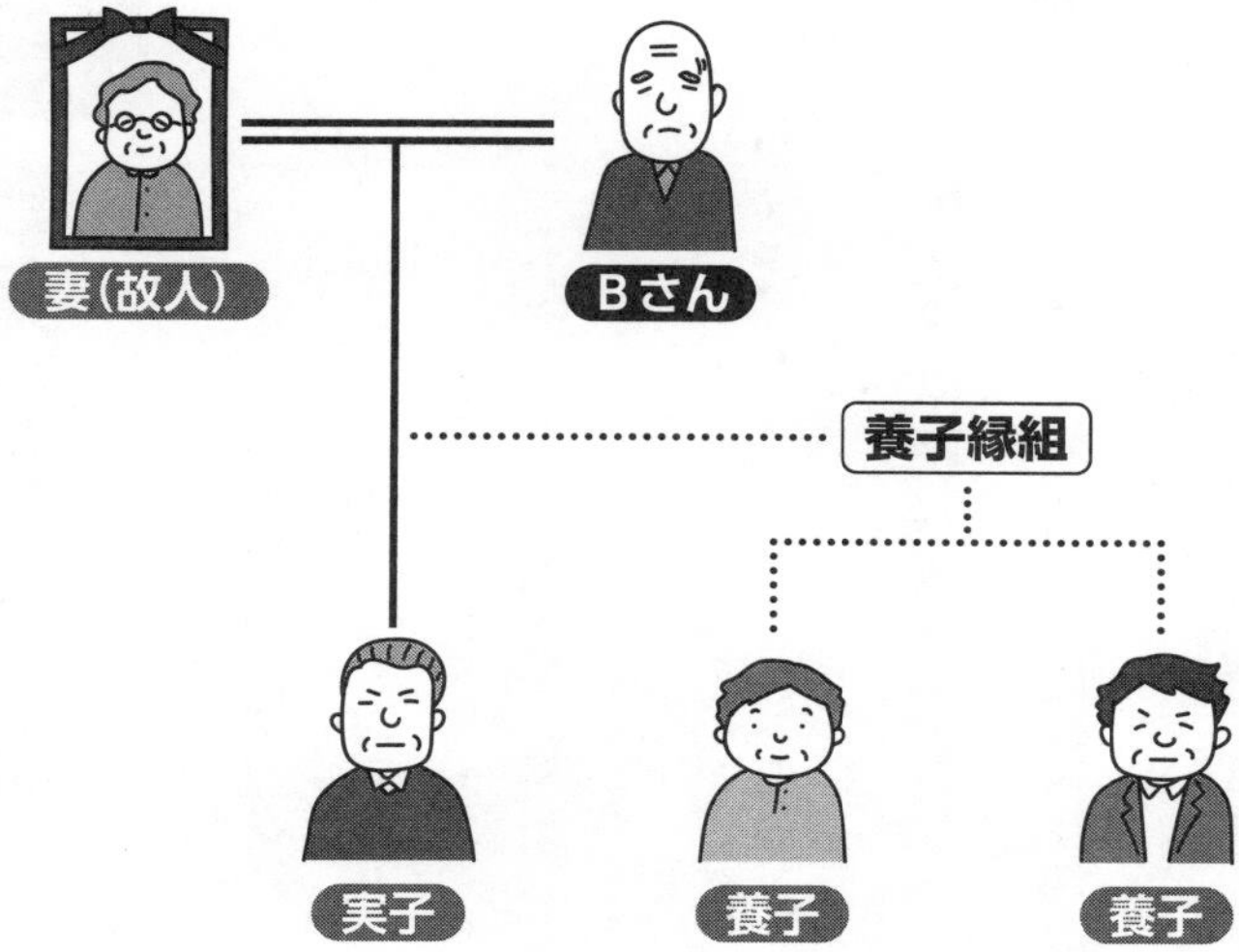

Bさんの場合、実子、養子2人も相続はできるけれど、相続税の計算では2人（実子1人＋養子1人）となるわけです。

なお、「特別養子縁組による養子」「配偶者の実の子どもで被相続人の養子」「結婚前に配偶者と特別養子縁組していた子どもと結婚後に養子」「実の子、養子、直系卑属の死亡などで相続人となった直系卑属」に当てはまる人は実子として扱われ、相続税の計算に含みます。

また、妻が妊娠中に夫が亡くなった場合、お腹にいる子どもも相続人となります。

婚姻関係のない相手との子ども（非嫡出子《ひちゃくしゅつし》）については、認知していれば相続人です。この場合の認知は遺言でもかまいません。

事例
1-3

事実婚の妻は相続人になれる？

遺留分

事実婚の妻に遺産を残したいCさん

Cさんには離婚した元妻との間に子どもが2人います。離婚後、籍を入れないまま長年、夫婦のように暮らしてきた女性がいました。いわゆる事実婚の妻、内縁の妻です。

子ども2人はすでに独立して働いており、元妻も裕福な暮らしをしているため、Bさんは遺産を内縁の妻に残したいと考えていました。

事実婚は相続人となれない

入籍していない夫婦には、民法上の相続権はありません。最近は家族観の変化もあって籍という形にこだわらないカップルが増えているため、一定の条件を満たすことで遺族年金が受け取れるようになったりと、社会的に認められることも増えていますが、相続税に関しては認められていないのが現状です。当然ながら、事実婚の夫にも認めていません。

事実婚の元妻がいるCさん

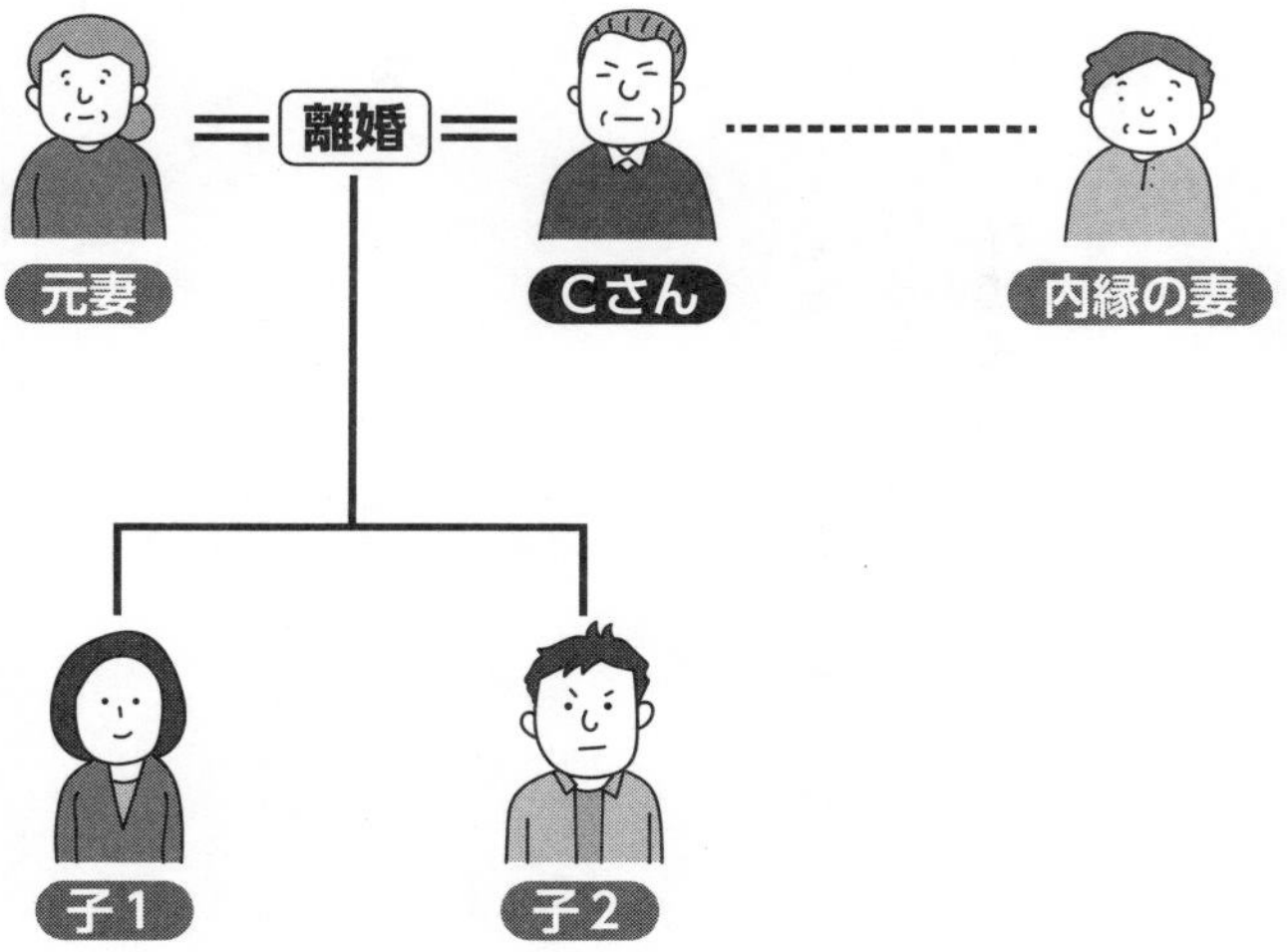

そのため、**事実婚の関係にある人に財産を残したい場合には、遺言書（204ページ）を作成して遺《い》贈《ぞう》をするのが基本**となります。

事実婚の場合の注意点

内縁関係で問題になりやすいのが、法定相続人がいる場合です。Cさんには子どもが2人いますので、「全額を事実婚の妻に」という遺言書があっても、子どもから事実婚の妻に遺留分を請求される可能性があります（遺留分侵害額請求権、26ページ）。

遺留分とは、相続人に最低限の財産（遺留分）を残すように定めたものです。残された遺族の生活を保障するための民法の配慮であり、「遺留分制度」と言います。遺留分が認められるのは次ページの人です。兄弟姉妹、甥・姪には認められません。

・配偶者
・直系卑属（子や孫、代襲相続人を含む）
・直系尊属（親や祖父母）

遺留分の割合は、相続人全員で遺産の2分の1が基本です。相続人が直系尊属（親や祖父母）の場合には相続人全員で3分の1となります。詳細は次ページの図を参照してください。

また、遺言書などを理由に内縁関係で遺産を受け取った場合、相続税の計算が戸籍上の夫婦とは違ってきます。**戸籍上の配偶者と比較して相続税が大きな負担になりやすい**ので注意が必要です。

・**配偶者の税額軽減が受けられない**
配偶者の税額軽減（96ページ）を受けられるのは戸籍上の配偶者に限られます。
・**小規模宅地等の特例が適用できない**
小規模宅地等の特例（110ページ）を適用できるのは親族が相続した場合に限られます。
・**生命保険金等の非課税枠が適用できない**
生命保険金等の非課税枠（124ページ）が適用できるのは法定相続人のみです。

遺留分の割合

法定相続人	配偶者	子ども	父母	遺留分の合計
配偶者のみ	$\frac{1}{2}$	—	—	$\frac{1}{2}$
子どもだけ	—	$\frac{1}{2}$	—	$\frac{1}{2}$
配偶者と子ども	$\frac{1}{4}$	$\frac{1}{4}$	—	$\frac{1}{2}$
父母だけ	—	—	$\frac{1}{3}$	$\frac{1}{3}$
配偶者と父母	$\frac{1}{3}$	—	$\frac{1}{6}$	$\frac{1}{2}$

◉遺留分の計算例（Cさんの場合）

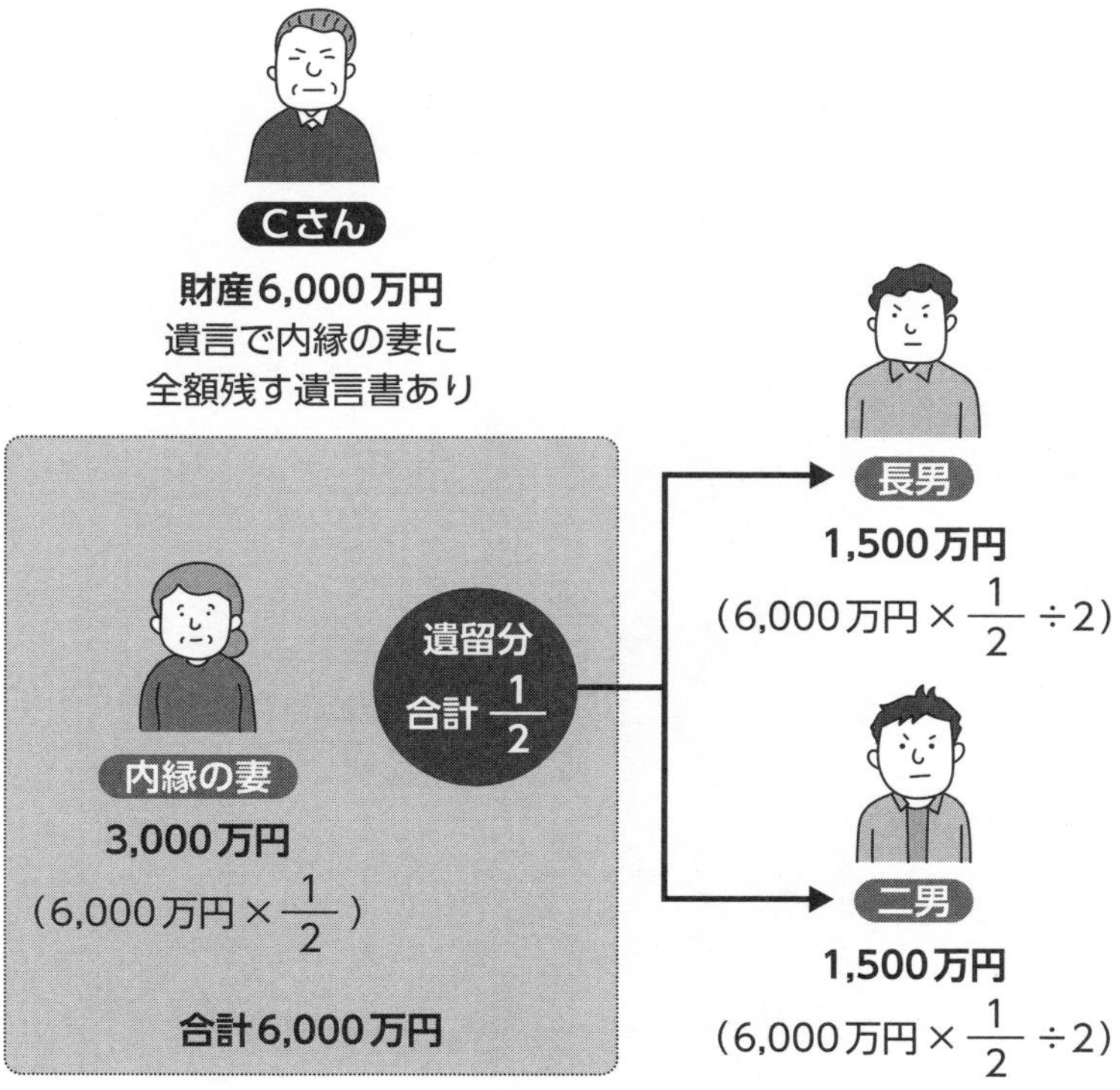

なお、相続財産は、生前に贈与された財産も一部が遺留分の対象になること、また遺留分は支払いが金銭に限定されることに注意が必要です。

遺言書以外で財産を残す方法

事実婚の妻に財産を残したい場合、遺言書以外にも方法があります。

◉死因贈与契約を結んでおく

生前に死因贈与の契約を結んでおくと、財産を贈与することができます。**死因贈与とは、「死んだときに財産を贈与する」というものです。**

遺言書での相続と似ているように感じるかもしれませんが、違いがあります。遺言書が「預貯金を内縁の妻に遺贈する」と被相続人の意思で一方的に決めるものであるのに対して、**死因贈与は財産を渡される側の承諾が必要**な点です。一種の契約ですから、互いの合意が必要と言えるでしょう。

「負担付き死因贈与契約」もあり、たとえば「死亡時まで介護する」など、財産を受ける側に何らかの条件をつけることも可能です。

死因贈与で受けた財産については、原則的に遺贈と同じように計算されますが、財産の内容が不動産の場合は譲渡所得が課税され、税金面で不利になるので注意が必要です。不動産を渡したい場合には、遺言での遺贈のほうがよいと言えるでしょう。

◉生命保険の受取人にしておく

内縁の妻を生命保険の受取人にしておくと、夫の死亡時に保険金を受け取ることができます。保険金は原則として相続人と分け合う必要がなく、遺留分の対象にならないので確実に財産を残すことができます。

ただし、内縁の妻を受取人にできるかどうかは保険会社次第です。受取人を戸籍上の配偶者、2親等以内の親族に限定していることが多く、内縁の妻にするためには一定の条件を設けていることがあるため、保険会社に相談するようにしましょう。

なお、子どもがいるCさんと違って、被相続人に法定相続人がいない場合、**「特別縁故者への相続財産分与」**が認められます。特別縁故者とは、亡くなった人と生計を共にしていた人などのことで、内縁の妻も含みます。特別縁故者として認められるためには、家庭裁判所で手続きが必要です。

事例
1-4

姑を介護していた妻は相続人になれる？

特別寄与

亡き夫の母親との同居を続けたDさん

Dさんは長男の妻で、結婚当初から夫の母親と同居していました。夫には弟と妹がいましたが、遠くで暮らしていたため、夫が亡くなって未亡人となってからも、残された姑との同居を続け、姑が亡くなるまで介護を続けたそうです。

Dさんは法定相続人ではありませんが、せめて介護した分の見返りが欲しいと感じています。Dさん夫婦に子どもはいません。

相続人以外の親族に認められる金銭請求権がある

法定相続人でなくとも、被相続人の介護や看護などを無償で行った場合、遺産を相続した人に対して「特別寄与料」と呼ばれる金銭の支払いを求めることができます。無償で介護や看護などを行うと、外部の介護サービスなどの利用料金を支払わずにすむため、その分、被相続人の財産の維持に貢献したと考えられるからです。**相続人に金銭請求権が認められるのは、次の**

亡き夫の母を介護したDさん

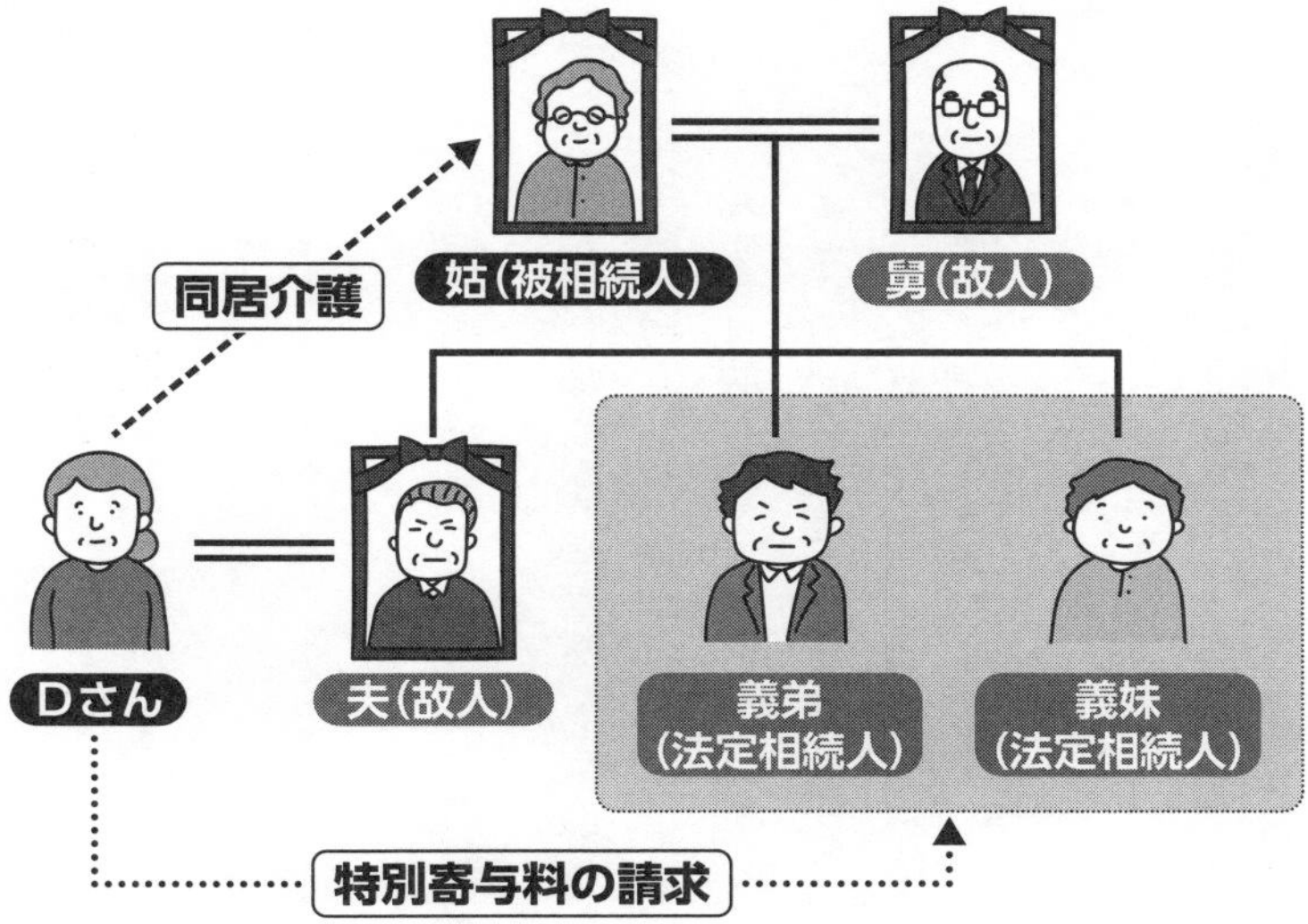

範囲に入る「親族」と定められています。

・被相続人の6親等以内の血族
・被相続人の3親等以内の姻族（配偶者の兄弟姉妹など）

親族ではない家政婦や事実婚の妻などは認められません。Dさんの場合、夫が被相続人の1親等ですから、この親族に当てはまるわけです。

特別寄与料は法律で定められてはおらず、被相続人に対する寄与の期間、程度や遺産の額などの事情を考慮して当事者同士で協議して決めます。Dさんの場合、義弟と義妹との話し合いが必要です。協議がまとまらない場合には、家庭裁判所に申し立てて審判を受けることになります。なお、**相続人が介護などしていた場合も「寄与分」が認められ、額は話し合いや家庭裁判所の審判などによって決めます。**

2 相続税の計算方法と早見表

相続税の意義と基本的な計算方法

相続税は人が亡くなることで取得した財産に課せられるものです。大きな資産を築いた人がその相続人に引き継がれるだけでは、経済的な機会平等が損なわれるため、税として社会に還元する目的があります。

そのため、**法定相続人が受け取った財産はもちろん、遺贈（54・196ページ）、死因贈与（54・196ページ）、生前贈与（146ページ）の一部も相続税の課税対象になります。**

相続税の計算の基本は次のとおりです。

❶相続税の総額を計算する

［遺産（課税価格）総額－基礎控除額＝課税遺産総額］

相続税の計算例

◉遺産総額1億円で、配偶者が8,000万円、子2人が1,000万円ずつ相続した場合

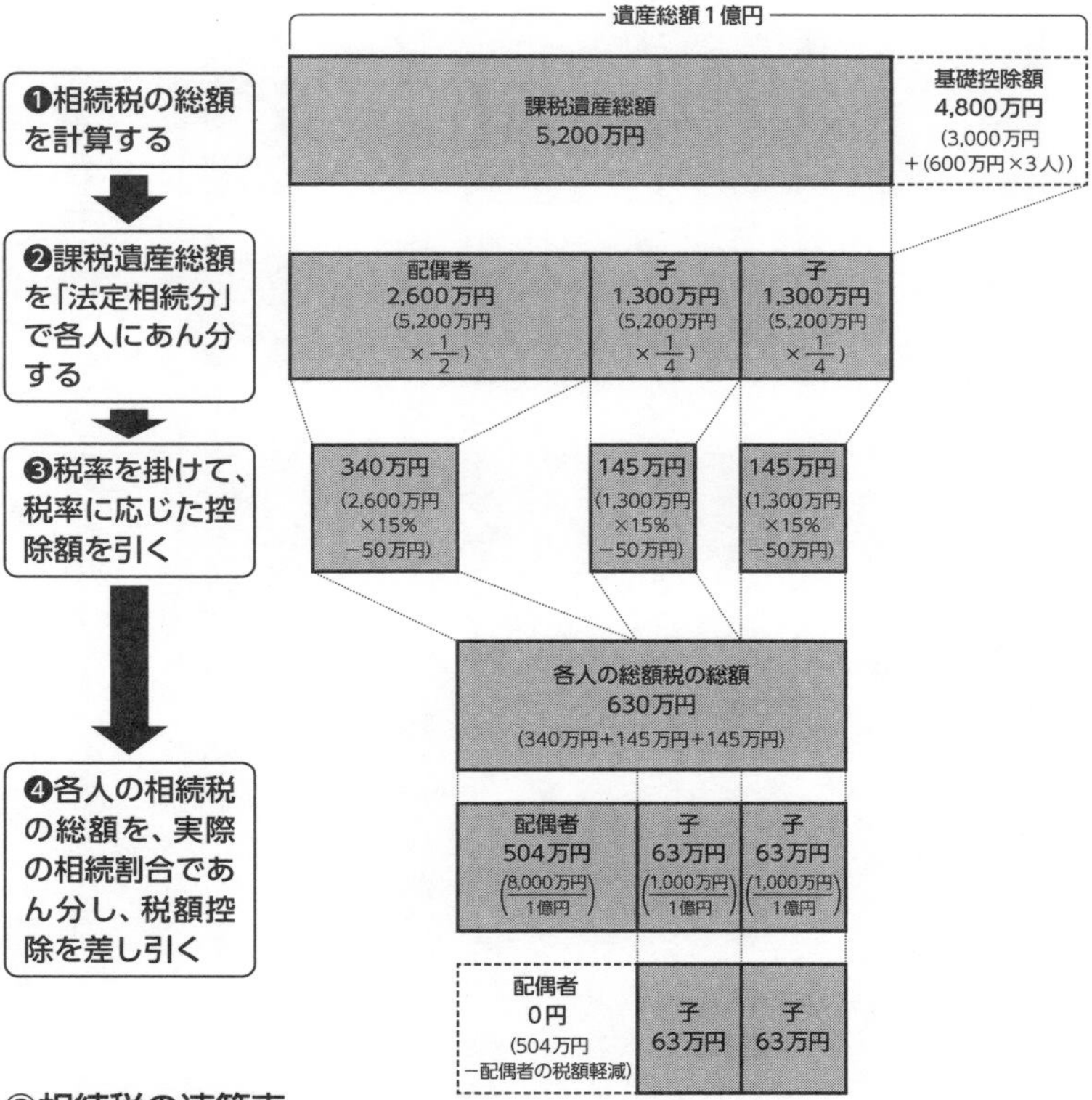

◉相続税の速算表

課税価格	税率	控除額
1,000万円以下	10%	—
3,000万円以下	15%	50万円
5,000万円以下	20%	200万円
1億円以下	30%	700万円
2億円以下	40%	1,700万円
3億円以下	45%	2,700万円
6億円以下	50%	4,200万円
6億円超	55%	7,200万円

❷課税遺産総額を「法定相続分」で各人にあん分する
［課税遺産総額×各人の遺産割合＝各人の課税遺産額］

❸税率をかけて、税率に応じた控除額を引く
［各人の課税遺産額×税率－控除額＝相続税額］

❹各人の相続税の額を足し算して、「実際の相続割合」であん分し、税額控除を差し引く
［各人の相続税額の合計額×各人の遺産割合－税額控除額＝相続税の納税額］

相続税には控除が多い

相続税は受けた財産すべてに課せられるわけではなく、各種の控除が用意されています。代表的なものが基礎控除で、基礎控除額が大きいのも相続税の特徴です。
基礎控除額は、次の計算式で求めます。

［3000万円＋600万円×法定相続人の人数］

相続税の基礎控除額（課税最低額）

◉基礎控除額の計算方法

3,000万円 ＋ 600万円 × 法定相続人の人数 ＝ 基礎控除額

◉基礎控除額の早見表

法定相続人	基礎控除額
1人	3,600万円
2人	4,200万円
3人	4,800万円
4人	5,400万円
5人	6,000万円

＊相続人が１人増えるごとに600万円増える

たとえば法定相続人が配偶者と子ども３人の場合、５４００万円（３０００万円＋６００万円×４人）となります。つまり、受け取った財産が５４００万円以下の場合には相続税がかからないわけです。したがって、相続税の申告も必要ないということになります。

一方、財産を受け取った人の課税合計額が、基礎控除額を超えた場合には相続税の申告をする必要があります。**被相続人の住所地の税務署で、期限である相続開始日の翌日から10ヶ月を経過する日までに申告**しましょう。提出期限が土日祝日の場合には、その翌日が期限となります。

なお、受け取った財産が基礎控除額を超えた場合にも、相続税にはさまざまな特例や税額控除が用意されています。配偶者の税額軽減（96ページ）、小規模宅地等の特例（１１０ページ）などです。これ

らの適用を受ける場合には、税額がゼロでも申告が必要になります。

申告が必要かどうか、簡易的に判定するには

国税庁のホームページでは、相続税の申告が必要かどうかを簡易的に判断する「相続税の申告要否判定コーナー」を設けていて、税額のシミュレーションができます（https://www.keisan.nta.go.jp/sozoku/yohihantei/top#bsctrl）。

もちろん、おおよその判定、目安ですので、正確な税額については相続税の申告書を用いるなどして計算する必要がありますが、「まずはざっくりでいいので知りたい」場合には便利に使うことができます。

このコーナーはホームページ上で試算するものですが、紙面上で簡易な判定ができる「相続税の申告要否検討表」もあります（https://www.nta.go.jp/about/organization/sapporo/topics/souzokuzei/pdf/003.pdf）。ダウンロードしたうえでプリンターで出力し、記入するものです。どちらか好みのほうで試算してみるとよいでしょう。

相続税の申告要否検討表

記載例　相続税の申告要否検討表（平成27年分以降用）

名簿番号

1　亡くなられた人の住所、氏名（フリガナ）、生年月日、亡くなられた日を記入してください。

住所	札幌市○○区○○1条1丁目2	氏名	（コクゼイ タロウ）国税 太郎	生年月日	昭和 16年 10月 19日
				亡くなられた日	平成 28年 5月 10日

2　亡くなられた人の職業及びお勤め先の名称を「亡くなる直前」と「それ以前（生前の主な職業）」に分けて具体的に記入してください。

亡くなる直前：　無職　（お勤め先の名称：－　）
それ以前（生前の主な職業）：　会社役員　（お勤め先の名称：○○商事㈱　）

3　相続人は何人いますか。相続人の氏名と亡くなられた人との続柄を記入してください。

（フリガナ）相続人の氏名	続柄	（フリガナ）相続人の氏名	続柄
①（コクゼイ ハナコ）国税 花子	妻	④（　）	
②（コクゼイ イチロウ）国税 一郎	長男	⑤（　）	
③（ゼイム サチコ）税務 幸子	長女	相続人の数	Ⓐ 3 人

（注）相続を放棄された人がおられる場合には、その人も含めて記入してください。

4　亡くなられた人や先代の名義の不動産がありましたら、土地、建物を区分して（面積は概算でも結構です。）記入してください。

種類	所在地	イ 面積(㎡)	ロ 路線価等（注1、2）	ハ 倍率（注2）	ニ 評価額の概算（注3）
① 土地	札幌市○○区○○1条1丁目2	300	89,000		2,670 万円
② 土地	△△県△△市△△町161番地	850	3,000,000	1.1	330 万円
③ 家屋	札幌市○○区○○1条1丁目2	150	6,000,000	1.0	600 万円
④					万円
				合計額	Ⓑ 3,600 万円

（注）1　ロ欄は、土地について路線価が定められている地域は路線価を記入し、路線価が定められていない地域は固定資産税評価額を記入してください。また、建物は固定資産税評価額を記入してください。
2　土地に係るロ欄の路線価又はハ欄の倍率は、国税庁ホームページ【www.rosenka.nta.go.jp】で確認することができます。なお、路線価図は千円単位で表示されています。また、建物に係るハ欄の倍率は1.0倍です。
3　ニ欄は、次により算出された金額を記入してください。
《ロ欄に路線価を記入した場合》ロの金額×イの面積(㎡)
《ロ欄に固定資産税評価額を記入した場合》ロの金額×ハの倍率（建物は1.0倍）

5　亡くなられた人の株式、公社債、投資信託等がありましたら記入してください（亡くなった日現在の状況について記入してください。）。

銘柄等	数量(株、口)	金額	銘柄等	数量(株、口)	金額
① ○○商事㈱	100	200 万円	④		万円
② ○○建設㈱	20	400 万円	⑤		万円
③ 10年利付国債第○回		100 万円	合計額		Ⓒ 700 万円

6　亡くなられた人の預貯金・現金について記入してください（亡くなった日現在の状況について記入してください。）。

預入先（支店名を含む）	金額	預入先（支店名を含む）	金額
① ○○銀行○○支店	100 万円	④	万円
② ××銀行××支店	700 万円	（現金）	250 万円
③ △△信託銀行△△支店	350 万円	合計額	Ⓓ 1,400 万円

支払会社等	金額
	ハ 万円
	ニ 万円
※赤字のときはゼロ 1,500 万円 / 万円	ホ＋ヘの金額 Ⓔ 1,500 万円

…・骨とうなど）について記入してください。

…類	数量等	金額
		万円
	合計額	Ⓕ 400 万円

…その財産について記入してください。

…の氏名	財産の種類	金額
		万円
	合計額	Ⓖ 600 万円

…れる場合に、その財産について記入してください。

			…の氏名	財産の種類	金額
① 税務 幸子	現金	100 万円	③		万円
②		万円		合計額	Ⓗ 100 万円

11　亡くなられた人の借入金や未払となっている税金などの債務について記入してください。また、葬式費用について記入してください。

借入先など債権者の住所・所在と氏名・名称	金額	借入先など債権者の住所・所在と氏名・名称	金額
① 28年度分固定資産税、住民税	35 万円	③ 葬式費用の概算	265 万円
② ○○銀行○○支店	1,500 万円	合計額	Ⓘ 1,800 万円

12　相続税の申告書の提出が必要かどうかについて検討します。（概算によるものですので、詳細については税務署にお尋ねください。）

Ⓑの金額	3,600 万円	(Ⓙ－Ⓘ)の金額 ※赤字のときはゼロ	Ⓚ 6,400 万円
Ⓒの金額	700 万円	(Ⓚ＋Ⓗ)の金額	Ⓛ 6,500 万円
Ⓓの金額	1,400 万円	基礎控除額の計算 3,000万円 ＋(Ⓐ 3 人×600万円) ＝	Ⓜ 4,800 万円
Ⓔの金額	1,500 万円	(Ⓛ－Ⓜ)の金額	Ⓝ 1,700 万円
Ⓕの金額	400 万円	Ⓝの金額 《黒字である場合》相続税の申告が必要です。《赤字である場合》相続税の申告は不要です。	
Ⓖの金額	600 万円		
ⒷからⒼの合計額	Ⓙ 8,200 万円		

※　あくまでも概算による結果ですので、Ⓛの金額とⓂの金額の差が小さい場合には、申告の要否について更に検討する必要があります。
※　国税庁ホームページ【www.nta.go.jp】には、相続税に関する具体的な計算方法や申告の手続などの詳しい情報を記載した「相続税の申告のしかた」を掲載しておりますのでご利用ください。

平成 ● 年 ● 月 ● 日
住所 札幌市○○区○○1条1丁目2
氏名 国税 花子　電話○○○-○○○-○○○○

作成税理士の氏名、事務所所在地、電話番号

※　相続税の申告が不要な場合には、お手数ですが、この「相続税の申告要否検討表」を作成していただき、税務署に提出してください。
【注意】　この「相続税の申告要否検討表」は、相続税の申告書ではありません。

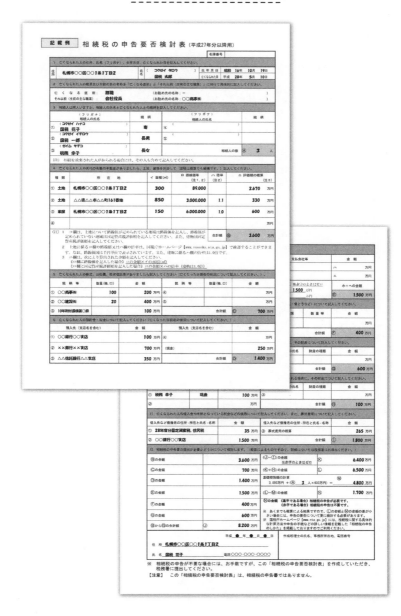

事例
2-1

相続税を納税する資金が足りない場合には？

延納・物納

大きな遺産が不動産で、現金が乏しいAさん

父親が亡くなったため、自宅や更地になっていた土地、アパート経営していた物件を相続したAさん。

相続した不動産を評価してみると、予想以上に高額となり、相続税の納付が必要です。しかし、アパート経営はうまくいっておらず、父の預貯金はあまり多くありませんでした。このままでは、期限までに納税資金を用意できそうもありません。

相続税は現金一括が原則

相続税は、申告期限までに現金一括で納めるのが基本です。期限までに申告納税しない場合、延滞税と無申告加算税が課されるので注意が必要です。さらに、故意に申告しなかった場合には無申告加算税に代えて、高額な重加算税が課されてしまいます。

そのためAさんのようなケースでは、不動産を売却して現金化し、納税資金とするのが基本

延納・物納の条件

◉延納の条件（主なもの）

❶相続税額が10万円を超える
❷納付期限までに金銭での納付が困難
❸担保を提供できる （延納税額が100万円以下で延納期間が３年以下の場合は不要）
❹申告期限までに「延納申請書」等を提出する

◉物納の条件（主なもの）

❶延納でも納付がむずかしい
❷物納できる財産がある
❸申請で税務署長の許可を受ける
❹金銭で納付がむずかしい金額が限度
❺申告期限までに「物納申請書」等を提出する

でしょう。ただし、期限までに換金しづらいこともあり、Ａさんのように納税資金を用意するのがむずかしいこともあります。

このようなケースに備えて、**最大約20年にわたって分割払いできる「延納」の制度**が用意されています。ただし、延納期間に応じて利子税が課されます。

延納が認められるためには上記の条件を満たすことが必要です。

延納でもむずかしい場合には、「物納」という方法もありますが、物納する財産は相続税評価額で評価される点に注意が必要です。不動産の場合、時価より低い金額で評価されてしまうことが多いので、ハードルが高いと言えるかもしれません。また、小規模宅地等の特例（１１０ページ）を適用した宅地は評価減を減額した金額でされるため、売却して現金で納税するほうがよいでしょう。

3

相続で「資産」とされるもの

相続税がかからない財産もある

相続税は「相続または遺贈で得た財産」に対して課せられるものです。ただし、得た財産すべてに相続税が課税されるわけではなく、「相続税がかかる財産」と「相続税がかからない財産」があります。

◉相続税がかかる財産

相続税は、「金銭に見積もることができる経済的価値のあるものすべて」で、代表的なのは現金・有価証券・宝石・不動産・著作権などです。

見落としがちなのが、ゴルフ会員権、営業権、車、骨董品などです。借地権（他人の土地を借りて持ち家を建てている）契約をしている場合、その土地の権利にも相続税が発生します。

また、❶相続や遺贈によって取得したとみなされる財産（74・124ページ）、❷被相続人か

相続財産とされるもの

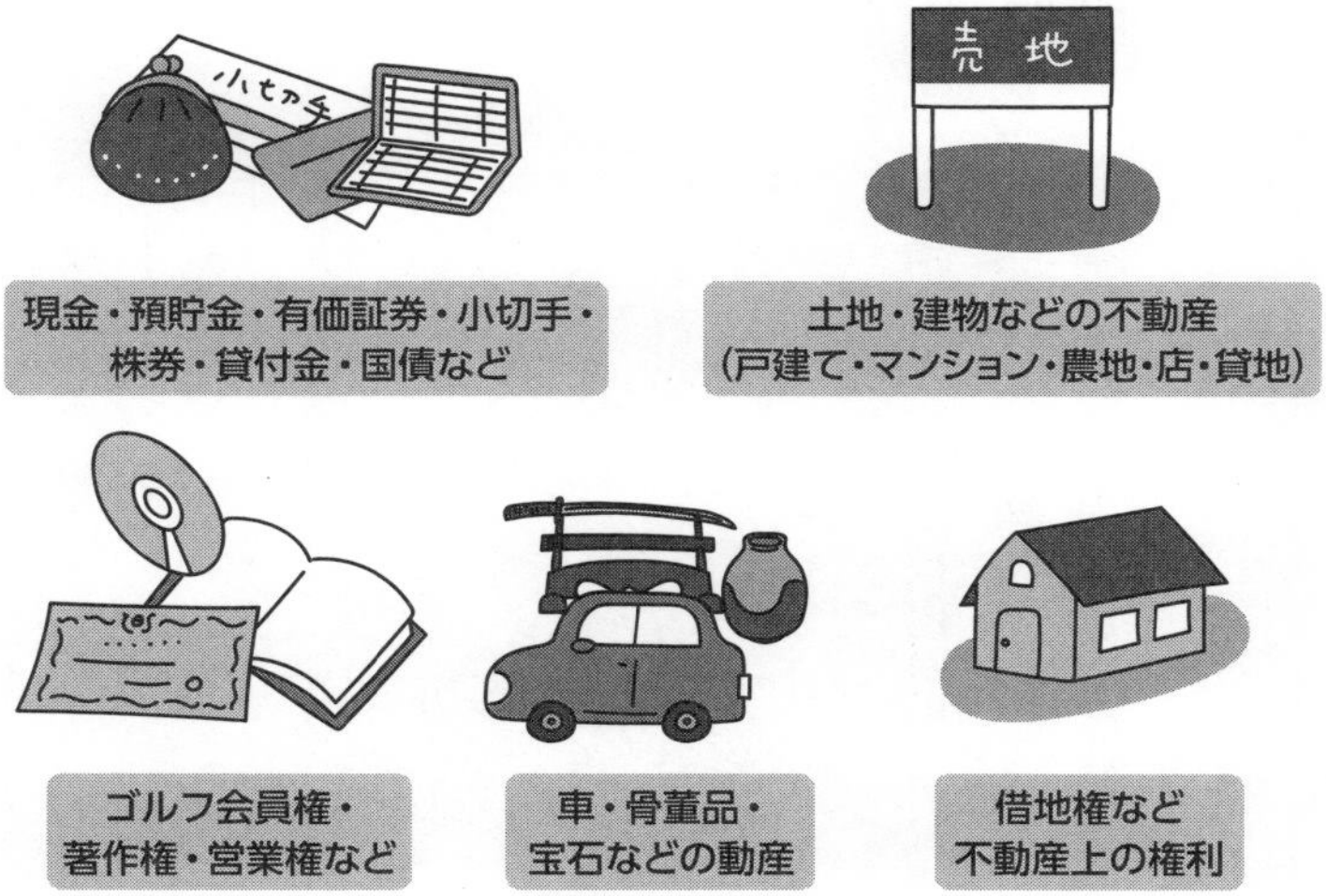

ら死亡前3年以内に贈与により取得した財産（76・164ページ）、❸相続時精算課税制度の適用を受ける財産（154ページ）も「みなし相続財産」として相続税がかかります。

◉相続税がかからない財産

相続税がかからない財産のうち、主なものは次のとおりです。

- 墓地や墓石、仏壇など日常礼拝をしている物（骨董価値が高いなど投資対象となるもの、商品として所有しているものをのぞく）
- 宗教、慈善、学術、その他公益を目的とする事業に使われるのが確実なもの
- 精神や身体に障害のある人またはその人を扶養する人が取得する心身障害者扶養共済制度に基づいて支給される給付金を受ける権利

・相続によって取得したとみなされる生命保険金のうち５００万円に法定相続人の数をかけた金額までの部分（１２４ページ）

・国、地方公共団体、公益を目的とする事業を行う特定の法人に寄附したもの

◉死亡が原因で受けた損害賠償金、弔慰金

被相続人が不慮の事故で死亡した場合、生命保険金のほかに事故原因の相手から損害賠償金が遺族に支払われることがあります。

たしかに被相続人の死亡が原因で受け取ったお金に違いありませんが、損害賠償金は遺族の精神的苦痛に対して支払われるものです。そのため、**損害賠償金は相続財産とはされず、相続税はかかりません。**

被相続人が現役世代の場合、勤め先の会社から遺族に弔慰金が支払われることがあります。この**弔慰金も常識的な金額であれば、相続財産とはされず、相続税はかからない**ことになります。「常識的な金額」の判断は、以下のように行います。

・**業務中に死亡した場合**……死亡当時の普通給与（月収）の3年分に相当する額

・**業務外で死亡した場合**……死亡当時の普通給与（月収）の半年分に相当する額

遺産分割協議で役立つ相続財産目録の例

相続財産目録

作成日：2020年●月●日

No	財産の種類	財産の内容	概算評価額(円)	備考欄
1	不動産(土地・建物)	東京都中央区日本橋室町3-4-7、120㎡	25,000,000	
2	現預金	みずほ銀行　日本橋支店　普通 0000001	10,000,000	
3	その他財産	自動車　ホンダ　FIT	1,000,000	
4	債務・葬式費用	葬儀費用一式	−500,000	
5				
6				
7				
8				
9				
10				
44				
45				
46				
47				
48				
49				
50				
合計額			35,500,000	

＊このフォーマットはダウンロードできます。
https://chester-souzoku.com/heritage-list-1200

言うまでもありませんが、弁護士などの士業資格、医師免許などその人にしかできない資格や権利を引き継ぐことはできません。その意味では、これら資格の営業権も課税されることはないと言えます。

財産目録を作成しよう

遺産分割協議の際には、財産を一覧表で整理した「相続財産目録」があると便利です。相続財産目録の作成方法に決まりはありませんが、どのような財産がいくらくらいあるかをわかりやすく作成しましょう。

事例
3-1

被相続人に借金があったらどうする？

相続放棄

会社経営をしていた父に借金があったAさん

Aさんの父は不動産経営と建設会社の経営をしていました。不動産経営は黒字でしたが、建設会社の経営は楽ではなく、不動産経営の利益をつぎ込んだうえ、借金も重ねていたようです。

父の死後に判明した借金をどうすればよいのか、Aさんは困り果てています。Aさんの母はすでに亡くなっていて、遠方で暮らす妹が1人います。

マイナスの財産も受け継ぐのが相続

相続は被相続人の財産の一切を受け継ぐことですから、借金などマイナスの財産があった場合にも引き継いで返済するのが基本です。各種の借入金はもちろんですが、ローン、クレジットカードの未払金、医療費や光熱費などの未払金なども相続の対象となります。他人の借金の連帯保証人になっている場合には、その保証債務も引き継ぐことになってしまいます。

ただし、**「相続しない」という選択をすることもできます。**相続をしないのが有効なのは、マイナスの財産を引き継ぎたくない場合のほか、親族間での争いを避けたい、煩雑な手続きを避けたいという場合などもあります。

相続にあたって選択できるのは、以下の３つの方法です。

❶単純承認

遺産・債務のすべてを引き継ぐ方法で、相続開始を知った日から３ヶ月以内に手続きしなければ自動的に単純承認したことになります。単純な相続と言えますが、遺産より借金のほうが多かった場合には、相続人が自身で返済することになります。

❷限定承認

遺産の範囲内で借金を引き継ぐ方法です。プラスの財産のすべてを、借金や未払金などマイナスの財産の支払いに使うため、相続人の手許に残る財産はありません。しかし財産より借金のほうが多かった場合も、相続人は返済の義務を負いません。選択する場合には、相続開始から３ヶ月以内に手続きをします。

ただし、相続人全員で申し立てなければならないなど手続きが非常に煩雑であるうえ、場合によっては所得税を払わなければいけないため、選択する人は少ないようです。限定承認が適しているのは、「遺産と借金のどちらが多いかわからない」「借金は負担したくないが相続したい特定の遺産（自宅や骨董品など）がある」などのケースです。

❸相続放棄

遺産・債務とも一切引き継がない方法です。相続開始を知った日から3ヶ月以内に手続きすると、借金の返済義務はなくなりますが、被相続人名義の自宅に同居していた場合にはその自宅も手放すことになるなど不都合な面もありますので、熟慮が必要です。

相続放棄の注意点

借金がある被相続人の相続人となったら、プラスとマイナスのどちらが多いかで選択が変わってきます。基本的にプラスの財産が多ければ単純承認、マイナスの財産が多ければ限定承認か相続放棄です。Aさんの場合、遺産より債務のほうが大きかったため、相続放棄することになりました。相続放棄の際には、次のような点に注意が必要です。

- 生前に相続放棄をすることはできない
- 相続放棄の手続きをする前に遺産の処分をすると相続放棄できなくなる
- 相続放棄した人の子は代襲相続できない
- 思わぬ人が相続人になってしまう場合がある

相続放棄をするAさん

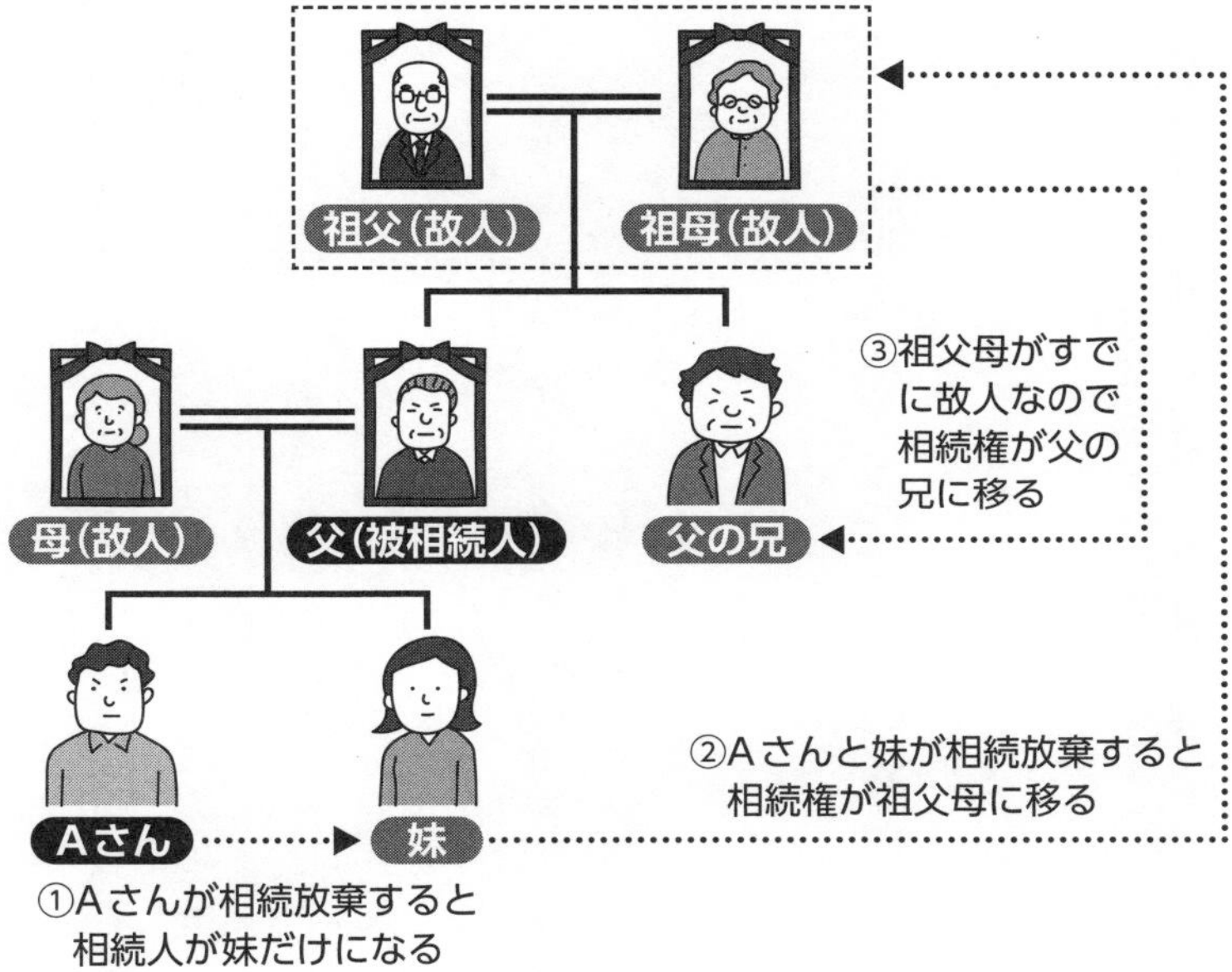

祖父（故人）
祖母（故人）
母（故人）
父（被相続人）
父の兄
Aさん
妹
③祖父母がすでに故人なので相続権が父の兄に移る
②Aさんと妹が相続放棄すると相続権が祖父母に移る
①Aさんが相続放棄すると相続人が妹だけになる

特に借金がある場合、**「思わぬ人が相続人になってしまう」可能性があるので注意が必要です。**Aさんが相続をすると妹一人が借金の返済義務を負います。Aさんと妹が相続放棄すると父の両親（祖父母）に借金が引き継がれますし、祖父母がすでに死亡していれば父の兄弟姉妹に相続権が移ります。

被相続人の返済義務から逃れるために相続放棄する際には、新たに相続人となる人に事情を伝え、その人たちにも相続放棄の手続きをお願いするとよいでしょう。

また、**相続放棄をしても死亡保険金、死亡退職金、遺族年金は受け取ることができます。しかし、死亡保険金と死亡退職金は相続税の課税対象となる一方、相続放棄した場合には相続税の非課税枠（124ページ）が適用できないので注意してください。**

事例
3-2

生命保険や死亡退職金を受け取ったら？

みなし
相続財産

働き盛りの夫を亡くしたBさん

Bさんは40代の夫を亡くし、小学生と中学生の子どもを抱えて突然、未亡人になりました。働き盛りだったため、死亡保障が高い生命保険をかけていたこと、また勤めていた会社から受け取る死亡退職金があることで、当面の生活はなんとかなりそうです。

しかし、気になるのは相続税です。保険金・死亡退職金には相続税がかかるのでしょうか。

被相続人が持っていた財産以外にも相続税がかかるものがある

生命保険金・死亡退職金は、被相続人が相続開始時点で持っていた財産ではありませんが、被相続人の死亡に起因して遺族が受け取るため、実質的に相続財産とみなすことができます。これらは**「みなし相続財産」と呼ばれ、申告・課税の対象となります。**

Bさん一家が受け取った生命保険金・死亡退職金は相続税の課税対象となるわけです。

なお、生命保険は被相続人が自分の意思で受取人を指定しています。同じく、会社から支払われる死亡退職金は、就業規則などで支払対象者が定められています。そのため、**保険金・死亡退職金は分割協議が必要なほかの財産と違って、受取人固有のものとなります。**

生命保険金の非課税枠については124ページ、死亡退職金の非課税枠は173ページを参照してください。

そのほか、みなし相続資産にあてはまる主なものは次のとおりです。

・生命保険契約に関する権利

被相続人が子どもなど他の人を契約者にした保険に加入し、被相続人が保険料を支払っていた場合、被相続人の死亡では保険金は支払われません。しかし子どもがその保険を引き継いでいずれ保険金や解約金を受けることはできるため、生命保険契約そのものを財産とみなして相続税の課税対象とされています。

・債務免除権

たとえば遺言で「二男への貸付金500万円の返済は、私の死亡で免除する」などの記載がある場合、500万円は相続税の対象となります。本来持っていた返済義務の免除で実質的に相続をしたとみなされるからです。

事例
3-3

生前に贈与を受けていたら?

生前贈与加算

相続対策として父から贈与を受けていたCさん

Cさんは、父から「相続対策」として、過去5年にわたって現金の贈与を受けていました。贈与額は贈与税がかからない1年につき100万円ずつです。

しばらくこのまま贈与を続けていけば相続税の支払い時にも安心と思っていたのですが、父が急死してしまいます。相続人はCさん1人だけで、財産は4500万円ありました。相続税の計算はどうなるのでしょうか。

3年以内の贈与は相続財産に加算される

1人の人が1年間（1月1日〜12月31日）に受けた財産の合計額が110万円以下だと、贈与税がかかりません（148ページ）。そのため、相続対策として利用されることが多いのですが、**相続開始前3年以内に贈与された財産については、相続財産に加算して相続税の課税対象となります。**

Cさんの生前贈与加算

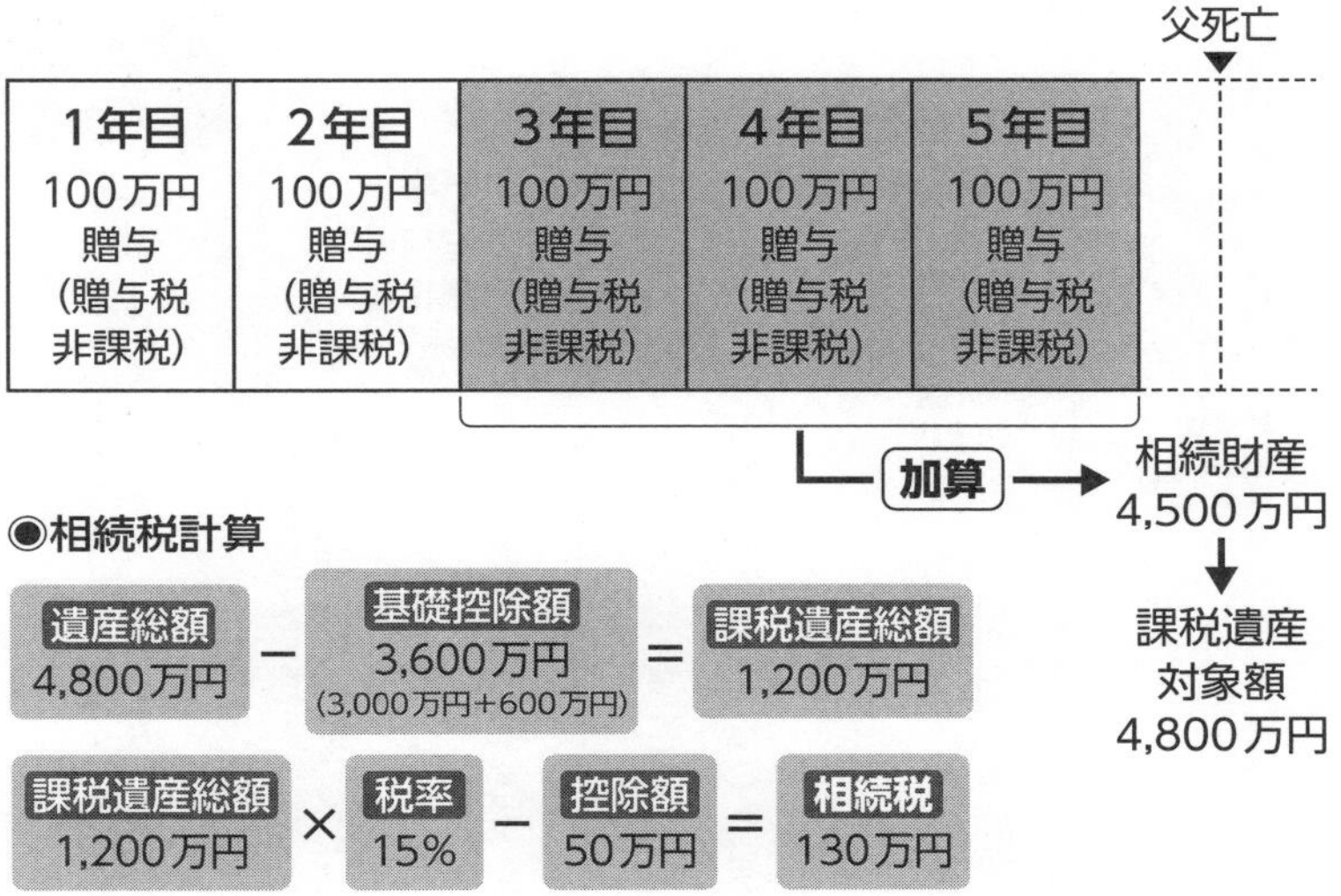

Cさんの場合、過去5年間にわたって100万円ずつ受けているので、3年目~5年目の300万円が相続税の対象となります。相続財産は4500万円ですから、4800万円とするわけです。

生前贈与加算の対象となるのは、相続や遺贈によって財産を引き継いだ人のみです。たとえばCさんの父がCさんの子ども（父から見ると孫）に贈与をしていて、相続時には相続人とならない、また遺贈も受けない場合には、生前贈与加算の対象とならないわけです。

なお、贈与財産のうち、贈与税の配偶者控除（152ページ）、直系尊属から贈与を受けた住宅取得等資金のうち贈与税の非課税の適用を受けた金額（160ページ）、直系尊属から一括贈与を受けた教育資金のうち贈与税の非課税の適用を受けた金額（162ページ）などは、原則として相続税の課税価格に加算されません。

事例

3-4

遺産分割で住む家がなくなってしまうなら？

配偶者居住権

夫と長年2人で暮らしていたDさん

Dさんは夫を亡くして、息子と法定どおり2分の1ずつ遺産を分割することにしました。自宅は売却すると住む家がなくなるうえ、思い出の家に住み続けたい気持ちがあります。息子は別にマイホームを建てているため、自宅にこだわらないようです。

ところが、遺産の内容が自宅3000万円と預貯金2000万円なので、うまく2分の1ずつにすることができません。

自宅の権利は所有権と居住権に分割できる

法定どおりに分割すると、Dさんと息子は2500万円ずつ相続することになります。しかしDさんが大切な自宅3000万円を相続すると、息子が2000万円となり、500万円を息子に支払う必要がでてきます。この場合、生活費も心配です。

このような場合、**自宅の所有権を分割し、「配偶者居住権」を利用するとよいでしょう。配**

Dさんの遺産分割例

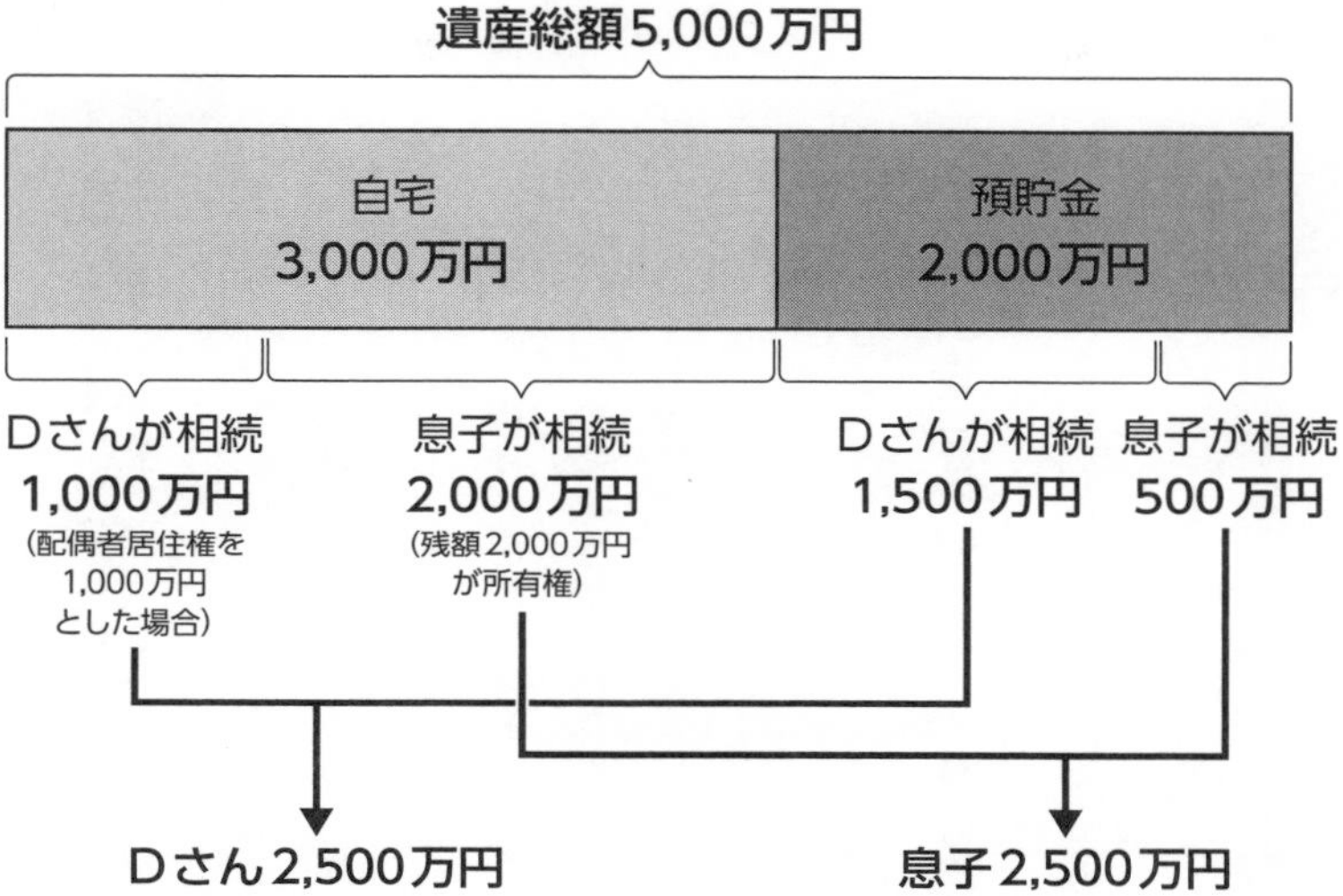

偶者居住権とは、所有権と居住権を分けて、配偶者に居住権を認めるものです。

配偶者居住権が認められるのは、被相続人が死亡したときに、被相続人が所有する（もしくは被相続人と配偶者が共有する）自宅に住んでいた配偶者です。配偶者居住権は、配偶者が亡くなるまでその自宅に住むことを認めるものです。その間、所有者はその物件を売買することはできても配偶者居住権を強制的に消滅させることはできません。**配偶者居住権を利用するためには、その旨を登記する必要があります。**

なお、配偶者居住権は相続税の課税対象となり、相続税評価が必要になります。建物の時価と、建物の残存耐用年数などその建物にどれぐらい住めるかを見積もって計算されます。自宅については、配偶者に生前贈与しておく方法もあります（152ページ）。

事例
3-5

申告後にタンス預金が見つかったら？

修正申告

相続税を申告した後、遺品整理中にタンス預金を見つけてしまったEさん

Eさんは親と離れて暮らしていたため、週末を利用して飛行機で地元に通ったりと、相続の手続きの際は苦労したといいます。なかなか遺品整理まで手がつかず、相続税の申告を終えて落ち着いたタイミングで実家の整理をしたところ、タンスの奥から現金を見つけてしまいました。

また手間をかけて申告するのかと思うと、気分が落ち込んでしまいます。

税務調査を受けた人の8割で金融資産の計上もれを指摘される

相続税の申告は、すべての財産を申告することが前提です。ただし、申告の後で知らなかった財産が見つかることがないとは言い切れません。特に現金を自宅に保管していた場合、銀行口座などと違って気づきづらいこともあります。Eさんのパターンも典型的な例です。

このように、**相続人が知らなかった財産が申告後にみつかった場合は、申告をやり直す「修**

正申告」をする必要があります。

「申告しなくてもバレないだろう」と考えても、**相続税の申告・納税に税務調査が行われることがあります。**

一般的に、相続税の税務調査は、金融機関に被相続人の死亡前5～10年間の履歴を請求し、資金の移動を調べると言われています。被相続人が多額のお金を引き出した履歴があれば、「そのお金はいつ、どんなことに使ったのか」を調べられるわけです。

長年にわたって少額を引き出している場合にしても、税務署の知見によって疑わしい案件を洗い出します。毎年の所得税、住宅ローン、株取引など、税務署は被相続人の情報を蓄積していますし、収入に対して不動産や自動車などの資産が相対的に少ないならば不自然だと考えることもあります。

実際に、税務調査を受けた人の8割で計上もれを指摘され、修正申告をすると言われるほどのものです。

終えたと思った相続税を修正申告するのはおっくうかもしれません。修正申告には延滞税なども課せられます。しかし、財産を隠す行為は脱税の中でも悪質な行為にあたるため、修正申告しなかったことが発覚するとさらに重いペナルティが待っています。

修正申告の際には、すでに申告した財産の評価を見直すことで追加の税金が少なくなることもありますので、前向きに行うようにしましょう。

4

相続資産の評価方法

資産評価の基本は「時価」

相続対策を行う際、遺産分割協議を行う際、相続税額を計算する際など、どんな財産がそれぞれいくらあるか、確認する必要があります。

現金や預貯金は残高が評価額とされますが、不動産や株式などはどうでしょうか。経済状況や個別の事情に応じて、評価額が変わってしまいます。このような資産は、相続があった日、つまり被相続人の死亡時点での時価で評価するのが基本です。

とはいえ、**時価を正確に出すのは簡単ではないため、国税庁は「財産評価基本通達」で財産の種類ごとに一定の評価基準を定めています。この通達に沿って評価額を計算するのが基本です。**財産の種類によっては専門知識が必要なものもありますが、上場株式や一般的な土地建物などは自分で評価額を計算することができます。

土地の評価方法は2つある

いわゆる住居用の土地のことを「宅地」といいます。事務所や店舗などを建てる土地も宅地で、建物が建っている土地や建てるための土地のことです。

この**宅地を評価する際には、「その土地がどこにあるか」で評価方法が変わり、市街地的な地域にある宅地は「路線価方式」、それ以外の宅地は「倍率方式」です。**地域によってどちらを適用するかが変わるため、まずは相続財産の宅地がどちらになるかを確認する必要があります。

◉路線価方式

路線価地域と呼ばれる場所に土地があれば路線価方式を使います。路線価方式は国税庁が年に一度定める「路線価」という指標を使って土地を評価する方法で、計算式は次のとおりです。

[路線価×土地の面積(平方メートル)×補正率]

・路線価の調べ方

路線価は、その道路に面する標準的な土地の1平方メートルあたりの価値を1000円単位

で表しています。路線価は、税務署に備えてある「路線価図」か、国税庁ホームページで調べることもできます（http://www.rosenka.nta.go.jp/）。

・土地の事情を加味した補正率

路線価は対象の土地がどこにあるかで変わるもので、どんな土地かまでは考慮していません。標準的で、使いやすい土地もあれば、土地によっては形がいびつで使いづらい土地もあります。そこで、最後にその土地の事情に合わせて、土地を正しく評価しようとするのが「補正率」です。いわゆる使いづらい土地ほど評価が下がり、角地などにあるいわゆる良い土地だと価格が上がるとイメージするとよいでしょう。

評価額が減額される要素は多くありますが、代表的なのは「土地の形がいびつ」「間口が狭い」「奥行きが長い」などです。

◉倍率方式

倍率方式は、人口が少ない地方で用いることが多くなります。固定資産税評価額に一定の倍率をかけて評価額を求めるため、計算が簡単にすむのが特徴です。固定資産税評価額は毎年市町村から送られてくる固定資産税納税通知書に記載されています。

［固定資産税評価額×倍率］

路線価図の見方と倍率の見方

◉路線価図の見方

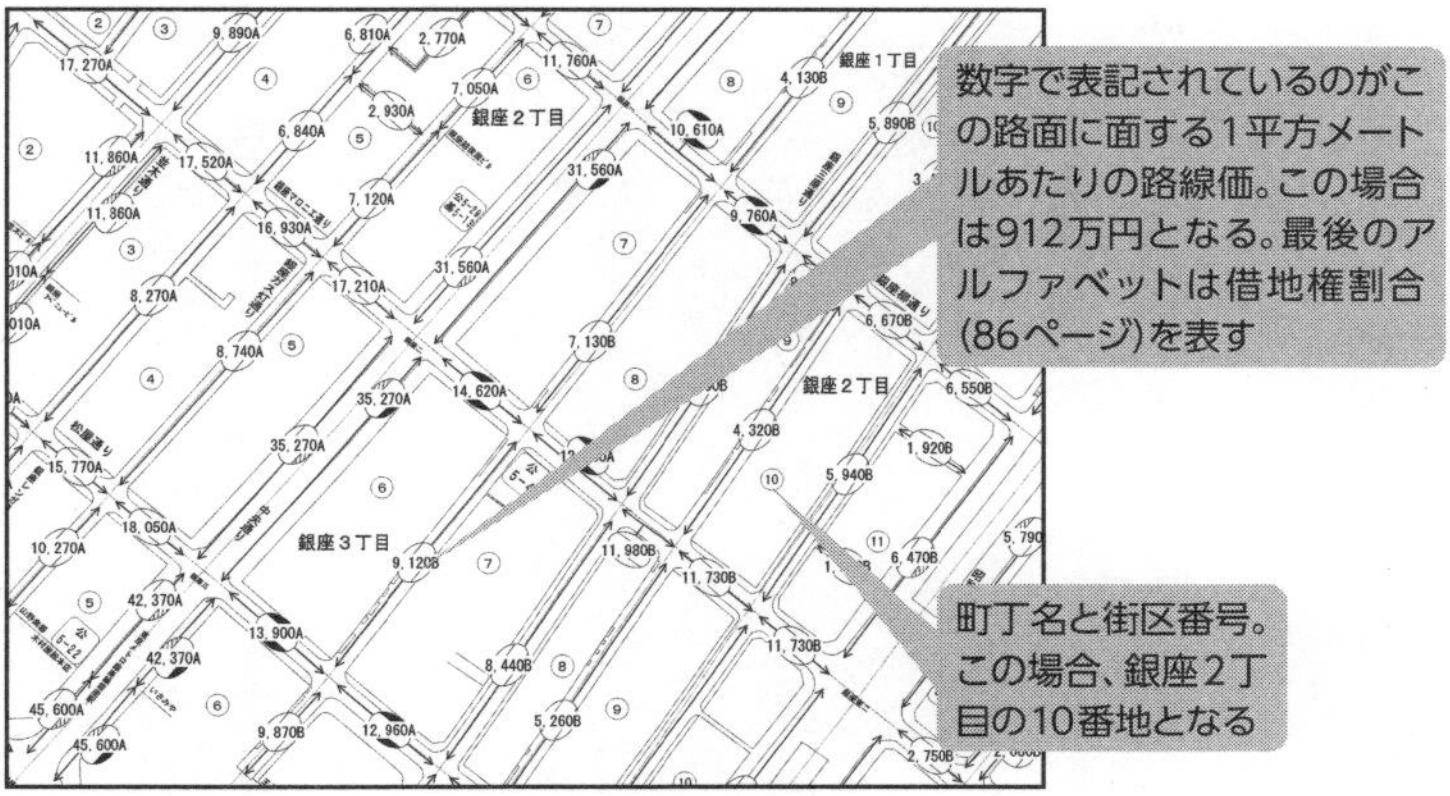

銀座1丁目
銀座2丁目
銀座3丁目
数字で表記されているのがこの路面に面する1平方メートルあたりの路線価。この場合は912万円となる。最後のアルファベットは借地権割合(86ページ)を表す
町丁名と街区番号。この場合、銀座2丁目の10番地となる

地区区分

記号	地区
	ビル街地区
	高度商業地区
	繁華街地区
	普通商業・併用住宅地区
	中小工場地区
	大工場地区
無印	普通住宅地区

適用範囲

記号	適用範囲
	道路両側の全地域
	道路の北側の全地域
	道路沿い
	北側道路沿いと南側の全地域
	北側の道路沿いの地域

借地権割合

記号	借地権割合
A	90%
B	80%
C	70%
D	60%
E	50%
F	40%
G	30%

◉倍率表の見方

令和 1年分　　倍　率　表　　2頁

市区町村名：札幌市南区　　札幌南税務署

音順	町（丁目）又は大字名	適用地域名	借地権割合	固定資産税評価額に乗ずる倍率等 宅地	田	畑	山林	原野	牧場	池沼
			%	倍	倍	倍	倍	倍	倍	倍
た	滝野	農業振興地域内の農用地区域				純 24	純 18	純 18		
		上記を除く道道真駒内御料札幌線沿い	30	1.1		中 47	中 86	中 86		
		上記以外の地域	30	1.1		2	[illegible]	[illegible]		
と	常盤	市街化区域	—	路線		比準	[illegible]	[illegible]		
		市街化調整区域								
		1　国道４５３号沿い、道道真駒内御料札幌線沿い及び市道常盤湯の沢線沿い	30	1.1		中 47	中 85	中 85		
		2　上記以外の地域	30	1.1		中 47	純 19	純 19		
	常盤１～６条	全域	—	路線		比準	比準	比準		

この地区にあてはまる地域は1.1倍となる

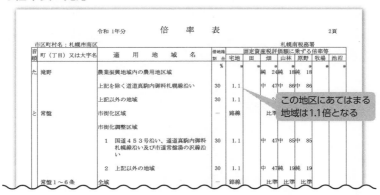

土地を賃貸にしていると評価が下がる

相続税では、自分で利用している土地よりも第三者に貸していると評価が下がります（貸宅地という）。これは、自分で使っているときと比べると、第三者に貸しているほうが自由に売却しづらいためです。

賃貸マンションやアパート（貸家建付地）の場合、おおむね2〜3割程度、評価が下がると考えてよいでしょう。

計算式と、使用されている用語の説明は以下のとおりです。

［貸家建付地評価 ＝ 自用地の価額 − 自用地の価額×借地権割合×借家権割合×賃貸割合］

- **自用地**……他人が使う権利のない土地
- **借地権割合**……地域ごとに定められていて、路線価図で確認できる（85ページ）
- **借家権割合**……全国一律30％
- **賃貸割合**……たとえば10室のアパートで7部屋を賃貸している場合は70％となる

なお、マンション1室のみを所有している場合は、マンション全体の敷地の相続税評価額に、所有している部屋の敷地権割合をかけて求めます。

株式の評価は価格がもっとも低いものを選ぶ

上場株式の評価額は、株価に保有株式数をかけて計算します。ただし、株価は絶えず変動していますので、次のうちもっとも価格が低いものを選びましょう。なお、終値とは、取引があった日の最後につけられた価格のことです。

①相続開始日の終値
②相続開始日の月の取引日ごとの終値の平均額
③相続開始日の月の前月の取引日ごとの終値の平均額
④相続開始日の月の前々月の取引日ごとの終値の平均額

相続開始日は被相続人の死亡日ですが、土日祝日など株式市場が休場している際には、相続開始日に近い日の終値とします。たとえば相続開始日が土曜なら前日金曜、日曜なら翌日月曜です。相続開始日が連休の中日の場合は、前後の取引日の終値の平均値になります。

なお、非上場株式の評価方法には「類似業種比準価額方式」と「純資産価額方式」がありま す。評価には会社の財務状況等が必要になるので、税理士に依頼するのが一般的です。

事例
4-1

自宅の土地に借地権が設定されていたら？

借地権の評価

実家が借地権付き一軒家だったAさん

Aさんは結婚し、実家近くで暮らしていました。実家には一人暮らしをする父親がいましたが、父親が亡くなったことで相続が発生します。

結婚前にはAさんも暮らしていた実家は一軒家で、建物は父親名義でしたが、土地は借地でした。この場合、相続対象となるのは建物だけなのでしょうか。

借地権も相続財産として課税対象になる

建物を所有するために、地主に賃料を払って土地を借り、使用する権利を「借地権」といい、借地権も相続財産の対象となるので注意が必要です。借地権の評価は借地権の種類によって3種類あり、所有している土地よりも評価が低いです。

・通常の借地権

契約で期限を決めますが、貸主と借主の合意があれば更新できるものです。

評価額は［自用地価額×借地権割合］で計算します。借地権割合は国税庁ホームページに掲載されている路線価図（路線価の後につけられているアルファベットから割合を見る）、または倍率表（評価倍率表の場合は借地権割合の欄）で確認できます（85ページ）。

●定期借地権等

定期借地権は契約期間が終われば建物を撤去して、土地を貸主に返す契約方法です。建物譲渡特約がついている場合には、建物を貸主に売却します。

定期借地権の相続税評価額の計算は複雑ですが、「定期借地権等の評価明細書」に数字を記入しながら計算すると比較的簡単にできます（https://www.nta.go.jp/taxes/tetsuzuki/shinsei/annai/hyoka/annai/pdf/1470-7-2.pdf）。

●一時使用目的の借地権

一時使用が目的の借地権は、賃借権（雑種地）と同じ方法で評価します。賃貸借契約の内容や利用の状況などをもとに計算する方法などがあります。

借地権の相続に地主の承諾は必要ありませんが、賃料の支払いのためにも、地主との良好な関係づくりのためにも、まずは地主へ連絡しましょう。通常、地主に承諾料や名義書換料などを支払う必要はありません。

事例
4-2

実家が農業を営んでいたら?

農地の評価

兼業農家のBさん

Bさんの父親は農業を営んでいました。Bさん自身も、父親と一緒に農作業をする兼業農家です。父が名義になっている土地には、畑のほか、自宅もあります。

この場合、土地をどう評価すればよいのでしょうか。

農地の相続には特別な手続きが必要

食料は人々の生活に欠かせないものですから、農地法などによって所有者や用途の変更を規制しています。つまり、勝手に農地を宅地にしたり、所有者を代えたりすることはできないわけです。

このような**農地の事情を考慮して、農地の評価は宅地よりも低くなるのが一般的です。**Bさんの場合、土地に宅地の部分がありますので、**宅地部分と農地部分を分けて評価額を出す**必要があります。

農地の評価方法

農地の区分	評価方法
純農地 中間農地	固定資産税評価額×倍率
市街地周辺農地	(宅地の評価額－造成費見積額)×0.8 または (固定資産税評価額×倍率)×0.8
市街地農地	宅地としてみなした場合の評価額－造成費見積額 または 固定資産税評価額×倍率

農地の評価については、その区分ごとに評価します（上図）。

◉農地には納税猶予の特例がある

宅地よりも低くなることが多い農地ですが、面積が広いなどの理由で負担が大きくなることがあるため、**要件を満たした場合に利用できる「納税猶予の特例」が設けられています。**これは、本来の評価額と農業投資価格の差額にかかる相続税について、納税を猶予するものです。

農業投資価格とは、農業に使用されることを前提にした売買価格として国税局が定めたもので、通常の宅地評価額よりも低く設定されています。

Bさんも要件にあてはまれば、農地部分に「納税猶予の特例」を適用することで納税額をおさえることができるでしょう。

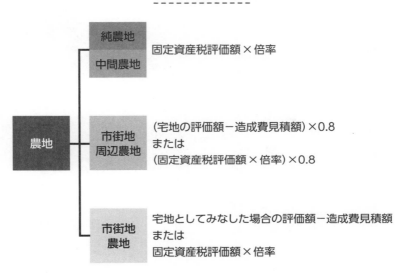

事例
4-3

マイカーを相続するなら？

そのほかの資産の評価

ローンが残っている車を相続したCさん

Cさんは亡くなった母名義の車を相続してマイカーにしたいと考えています。母親が新車で購入してから間もないので、まだローンが残っているのですが、その際の評価額はどうなるのでしょうか。

お金になるものは課税対象となる

自動車はもちろんですが、基本的にお金で見積もれるものはすべて相続税の課税対象になります。ゴルフ会員権、美術品、骨董品、宝石なども同様です。

これらは**基本的に相続開始時点の「取引価格」で評価します。**

自動車の場合、車種や使用年数、状態などで中古市場の相場がわかりますので、これを評価額とする方法があります。もちろん、中古車販売業者に査定してもらった価格を評価額にする方法でもかまいません。

Cさんの場合、ローンが残っているとのことですが、**ローンもマイナスの財産として相続します。**つまり、ローンの残額はCさんが支払い、同時に相続税の計算の際に差し引くことができるわけです。

ローンは一括返済が基本ですが、車を引き継いで使用する場合にはローン自体を引き継ぐこともできますので、ローン会社に相談してみましょう。審査を通れば継続して返済していくことになります。

もし、ローンが残っている車をマイカーとしない場合には、「車をローン会社に引き渡してローン残額を返済する」方法もあります。ただし、処分価格が返済額に満たない場合には、不足分を一括返済しなければいけません。

第2章

知る知らないで大違い！ 相続税の特例制度

5 納税額がグンと減る税額控除

配偶者なら1億6000万円まで税金0円！

相続税は基礎控除（60ページ）のほか、さまざまな特例などを適用することで、税負担を軽くすることができます。なかでも大きなものが「配偶者の税額軽減」です。

配偶者の税額控除は、次のいずれかに当てはまる場合に相続税がかからなくなる特例です。

- 配偶者が取得した課税価格の合計額が1億6000万円まで
- 配偶者の法定相続分まで

つまり、仮に配偶者が5億円の遺産を相続した場合でも、遺産相続の割合が法定相続分（たとえば2分の1）の範囲内なら相続税が課税されないということです。

配偶者の税額軽減で相続税がかからない場合とかかる場合

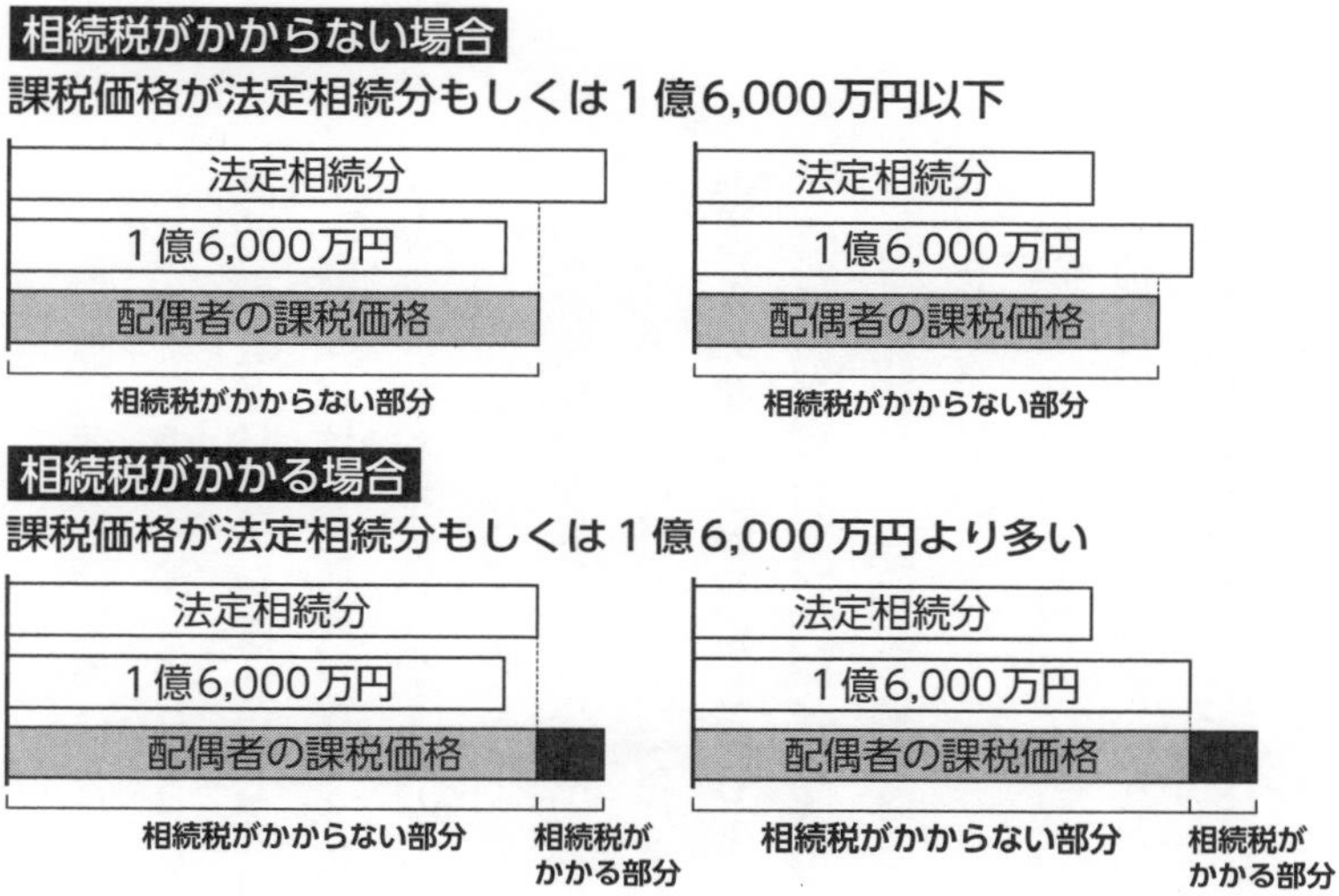

◉配偶者の税額軽減の計算例

遺産総額が３億円、法定相続人は配偶者と子ども２人（合計３人）の場合を計算してみましょう。遺産分割は法定相続分のとおりで、その他の特例は適用しないとします。

❶相続税の総額を計算する

［遺産総額－基礎控除額＝課税遺産総額］

基礎控除額：３０００万円＋（６００万円×３人）
＝４８００万円
遺産総額３億円－４８００万円
＝２億５２００万円

❷課税遺産総額を「法定相続分」で各人にあん分する

［課税遺産総額×各人の遺産割合＝各人の課税遺産額］

配偶者：課税遺産総額２億５２００万円×法定

相続分1／2＝1億2600万円

子①：課税遺産総額2億5200万円×1／4＝6300万円

子②：課税遺産総額2億5200万円×1／4＝6300万円

❸税率をかけて、税率に応じた控除額を引く

［各人の課税遺産額×税率－控除額＝相続税額］

配偶者：課税遺産額1億2600万円×税率40％－控除額1700万円

＝相続税額3340万円

子①：課税遺産額6300万円×税率30％－控除額700万円＝相続税額1190万円

子②：課税遺産額6300万円×税率30％－控除額700万円＝相続税額1190万円

❹各人の相続税額を足し算して、「実際の相続割合」であん分し、税額控除を差し引く

［各人の相続税の総額×各人の遺産割合－税額控除額＝相続税の納税額］

各人の相続税の総額：配偶者3340万円＋子①1190万円＋子②1190万円

＝5720万円

配偶者：相続税の総額5720万円×遺産分割割合1／2＝2860万円

配偶者の相続割合が法定相続分以下なので税額は0円となります。

子①：相続税の総額5720万円×遺産分割割合1／4＝納税額1430万円

子①：相続税の総額5720万円×遺産分割割合1／4＝納税額1430万円

配偶者の税額軽減を適用するための要件

配偶者の税額軽減を適用するためには、次の4つの要件を満たす必要があります。

①戸籍上の配偶者であること

婚姻期間の長さは問われず、戸籍上の配偶者であれば税額軽減が適用できます。事実婚の場合には適用できません。

②相続税の申告期限までに遺産分割が完了していること

配偶者が実際に受け取った遺産額に基づいて計算するため、相続税の申告期限までに遺産分割が完了している必要があります。申告期限は原則として相続が発生した日の翌日から10ヶ月以内です。申告期限までに分割が間に合わない場合、その旨を税務署に申し出て、所定の手続きを行えば実際に分割された時点で適用することができます。

③相続税の申告書を税務署に提出すること

配偶者の税額軽減を適用して相続税が0円になった場合にも、相続税の申告書の提出が必要です。

④配偶者の取得財産に隠ぺい・仮装行為によるものがないこと

隠ぺい・仮装された財産は適用除外になるため適正な申告が不可欠です。

事例 5-1

相続開始前3年以内に贈与税を払っていたら？

贈与税額控除

生前の母から贈与を受けて贈与税を支払っていたAさん

Aさんは生前、母から贈与を受けていました。贈与税の基礎控除110万円を超えていたので、贈与税を支払っています。

ところが、贈与を受けて2年後、母が死亡してしまいました。相続税の計算はどうなるのでしょうか。

税の二重払いを避ける贈与税額控除

相続税の計算では、相続などにより財産を取得した人が、被相続人からその相続開始前3年以内に贈与を受けている場合、相続税の課税価格に贈与財産の価額を足す必要があります（76ページ）。

ただしAさんは、贈与を受けている時点で贈与税を支払っているようです。それなのに、さらに相続時の計算に含めると、二重払いになってしまいます。

そのため、**過去3年以内に支払った贈与税については、相続税の計算で控除できることになっています。**

控除できる贈与税額は、相続税の課税価格に加算された贈与財産にかかった贈与税の税額です。ただし、加算税、延滞税、利子税がある場合、これらの額は含まれません。

なお、被相続人から生前に贈与された財産でも、次の財産は相続税の計算上、原則として加算する必要はありません。

- 居住用不動産にかかる贈与税の配偶者控除の特例を受けている、または受けようとする財産のうち、その配偶者控除額に相当する金額
- 直系尊属から贈与を受けた住宅取得等資金のうち、非課税の適用を受けた金額
- 直系尊属から一括贈与を受けた教育資金のうち、非課税の適用を受けた金額
- 直系尊属から一括贈与を受けた結婚・子育て資金のうち、非課税の適用を受けた金額

事例
5-2

相続人に未成年者がいたら？

未成年者の税額控除

8歳、10歳、14歳の子どもを持つ母Bさん

Bさんは働き盛りの夫を突然死で亡くしました。子どもは3人で、遺産は法定どおりに分けて、それぞれの子どもの教育資金にしようと考えていますが、この方法でよいのでしょうか。

Bさん1人で相続したほうがよい気もしています。

母 一人で遺産分割を決めることはできない

通常、被相続人が亡くなると相続人になる人が遺産分割協議を行いますが、**相続人が未成年者の場合は法律上、遺産分割協議に参加することができない**とされています。十分な判断能力が備わっていないと考えられるからです。

そこで、代理人を立てて遺産分割協議を行うのですが、通常は親権者が代理人になります。ただし、**Bさんの場合には3人の子どもの代理人となることができません。**親権者であるBさんと子どもがみな相続の当事者であり、利益が相反するためです。

そのため、親権者が家庭裁判所に「特別代理人」を申し立て、遺産分割協議を行う必要があります。特別代理人は、相続人でない成人なら誰でもかまいませんが、相続人1人につき1人ずつ選任する必要があります。

Bさんの場合、未成年の子どもが3人ですから、3人の特別代理人が必要というわけです。これは、兄弟同士でも利益も相反するためです。

◉未成年者の税額控除がある

相続人が未成年者の場合には、未成年者控除を使うことで、税額の負担を軽くすることができます。控除額は「その未成年者が満20歳(成人年齢が18歳となる令和4年4月1日以後は満18歳)になるまでの年数×10万円」が上限です(1年未満の期間は切り上げ)。未成年者の相続税額から控除しきれない場合は、扶養義務者、この場合にはBさんの相続税額から差し引くことができます。

Bさんの場合、8歳の子が120万円(12年×10万円)、10歳の子が100万円(10年×10万円)、14歳の子が60万円(6年×10万円)となります。

その他、税額控除には「障害者控除」「相次相続控除」「外国税額控除」があります。

6

二次相続を頭に入れて手続きする

一次相続のときに将来の相続をふまえる

二次相続とは、最初の相続（一次相続）で残された配偶者が亡くなったときに発生する相続のことです。たとえば父親が死亡したとき、母と子どもが相続人となったが、数年後に母が亡くなって子どもが相続人になることを二次相続といいます。

そもそも相続は一生に何度もすることではなく、一次相続が初めての人も多いでしょう。そのうえ手続きも煩雑ですから、対応に精一杯で二次相続のことまで考えるのはむずかしいかもしれません。

しかし**一次相続の際には、二次相続まで考えて対応を決めるのが大切**です。たとえ一次相続でうまく節税したと思っていても、二次相続で多額の相続税を納めなければならない場合もあります。

二次相続は負担が大きい

一般的に、一次相続と二次相続では、二次相続のほうが相続税が高くなります。たとえ一次相続と二次相続の遺産額が同じでも、二次相続のほうが高くなります。

その理由は以下のとおりです。

①二次相続では相続人が1人減る

一次相続の際にはいた配偶者が、二次相続では亡くなっているため、相続人が1人少なくなります。

ところが基礎控除額は［3000万円＋600万円×法定相続人の数］で計算されるため、相続人が1人少なくなると、基礎控除額が600万円少なくなってしまいます。つまり、課税対象の遺産が600万円多くなるわけです。

②配偶者の税額軽減が使えない

一次相続の際に適用できた配偶者の税額軽減（96ページ）が、二次相続では使えないことになります。配偶者の税額控除は節税効果が大きいので、一次相続で配偶者に多めに遺産を相続させ、納税総額を抑えようとしがちです。しかし、配偶者が相続した多額の遺産が、二次相続の際に大きな負担となってしまうのです。

二次相続との総額で考える

二次相続で必要以上に大きな負担を負わないためには、一次相続の際に二次相続のシミュレーションをすることが大切です。**ポイントは「一次相続時の際に配偶者にいくら相続させるか」**になります。

夫の遺産総額が2億円のケースでシミュレーションしてみましょう。法定相続人は妻と子ども2人です。妻の遺産は夫から相続した分のみとし、配偶者の税額軽減以外の特例は適用しないとします。このケースで「法定相続分どおりの遺産分割」と「配偶者の税額軽減を最大限活用した遺産分割」の場合です。

①法定相続分どおりに遺産分割した場合

- **一次相続時**……各人の相続額は、妻が1億円（2分の1）、子①が5000万円（4分の1）、子②も5000万円（4分の1）
- **二次相続時**……妻が一次相続で引き継いだ1億円を、子①と子②が5000万円（2分の1）ずつ相続

②一次相続時に配偶者の税額軽減を最大限活用して遺産分割した場合

一次相続・二次相続のシミュレーション

相続の方法	一次相続時の相続額の合計	二次相続時の相続額の合計	2回分の相続税の合計額
①法定相続分で遺産分割	1,350万円	770万円	2,120万円
②配偶者の税額軽減を最大限活用する	540万円	2,140万円	2,680万円
差額(①－②)	810万円	△1,370万円	△560万円

・**一次相続時**……妻が1億6000万円、子①と子②が残額の4000万円を2000万円ずつ相続
・**二次相続時**……妻が一次相続で引き継いだ1億6000万円を、子①と子②が8000万円ずつ相続

2つの場合で相続税額を計算してみると、2回分の相続税の合計額は、法定相続分どおりに分割したほうが560万円も安いという結果になりました。

一概に配偶者の税額軽減を使ったほうがよいわけではないことがわかるのではないでしょうか。

このように、一次相続時に配偶者がいくら相続するのがもっとも適切かを計算して割り出す必要があるわけです。

事例

6-1

年の差夫婦で残された配偶者が投資に成功!?

二次相続

遺産を元手に大きな資産を築いたCさん

Cさんは20歳年上の夫と結婚しましたが、夫は60代で亡くなってしまい、40代で早くも未亡人になってしまいました。

悲しみにくれるCさんでしたが、残された遺産で投資をしたところ、思わぬ利益を生んでしまったのです。喜ばしいことですが、子どもへの相続が気になっています。

残された配偶者が若い場合は二次相続に要注意

一次相続で配偶者が遺産を相続してから亡くなるまでに財産が増えると、二次相続の相続税が大きな負担となってしまいます。

Cさんのような年の差夫婦に起こりがちな問題です。一般的に、投資などは時間をかけるほど増えていきますし、Cさんは特に投資に成功してしまったので、多額の財産を築くことができました。

このような場合には、**配偶者、この場合はCさんが亡くなることで発生する子どもへの二次相続に備えて生前に対策しておく**とよいでしょう。

生前対策はさまざまありますが、代表的なものは次のとおりです。

①生前贈与する

配偶者が子どもに生前贈与することで、死亡時の相続財産を減らすことができます。よく使われるのは、贈与税の基礎控除、年間110万円を利用した贈与です。1年間（1月1日〜12月31日）の贈与額が110万円までであれば贈与税がかかりませんので、毎年、地道に贈与を繰り返すことで相続財産を減らしていきます（147ページ）。

この際は、贈与のたびに契約をすることが大切です。最初に贈与する年数、1回あたりの金額を決めてしまうと「連年贈与」として最初の贈与年にまとめて贈与税が課税されます。

②生命保険に加入する

配偶者が自身を被保険者に、子どもを保険金受取人にして生命保険に加入します（124ページ）。配偶者の死亡時に子どもが受け取る死亡保険金は相続税の対象になりますが、死亡保険金の非課税枠（500万円×法定相続人の数）があるため（124ページ）、その分、相続税の課税財産が少なくなります。

7

節税効果が大きい小規模宅地等の特例

自宅の相続なら利用したい制度

亡くなった人が事業用や居住用に使っていた宅地を相続した場合、一定の要件のもとで相続税評価額を減額できる「小規模宅地等の特例」制度があります。土地に高い評価額がついて、相続税の負担が大きくなりすぎることがある、遺産のうち預金が少なくほぼ自宅のみという人などを想定した制度と言われています。

要件に合えば自宅の宅地のうち330㎡まで80％も減額されます。この特例を使って計算した結果、遺産相続が基礎控除額（60ページ）を下回ると相続税がゼロになるなど、節税効果が高いため、適用できるなら必ず利用したい特例です。

注意が必要なのは、「小規模宅地等の特例」を適用して仮に相続税がゼロになった場合にも、相続税の申告が必要ということ。特例を適用した旨を申告する必要があるわけです。

小規模宅地等の特例（居住用）の概要

総面積が330㎡以下の場合

総面積250㎡

総面積が330㎡以下なので、
全体の評価額が80％減額される

総面積が330㎡を超えている場合

総面積500㎡

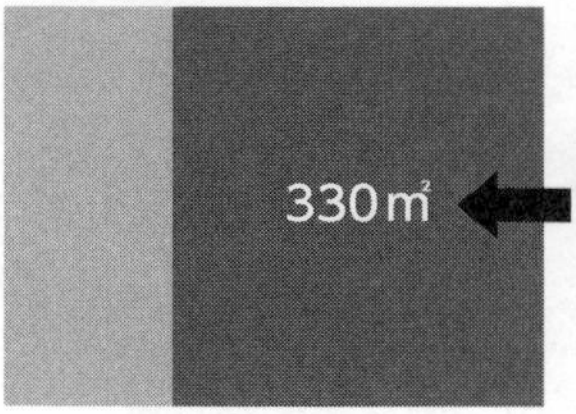

総面積が330㎡を超えているので、
330㎡分の評価額が80％減額される

◉評価額が5,000万円の土地の計算例

総面積が330㎡以下の場合

①減額分を計算する
5,000万円×80％＝4,000万円

②もとの評価額から減額分を差し引く
5,000万円－4,000万円＝1,000万円

総面積が500㎡の場合

①減額分を計算する
5,000万円×（330㎡÷500㎡）×80％＝2,640万円

②もとの評価額を計算する
5,000万円－2,640万円＝2,360万円

「小規模宅地等の特例」の概要を見ていきましょう。たとえば、総面積500㎡の自宅の評価額が5000万円だったとします。

この自宅が小規模宅地等の「特定居住用宅地等」（116ページ）に該当すると、評価額は次のように計算されます。

①小規模宅地等の特例が受けられる330㎡の評価額を80％減額する
［5000万円×（330㎡÷500㎡）×80％＝2640万円］
②もとの評価額から減額分を差し引く
［5000万円−2640万円＝2360万円］

実際に計算すると、小規模宅地等の特例の節税効果の大きさが理解できるでしょう。

この特例が適用できるのは「事業用、または居住用の宅地」です。適用するためには、以下のいずれかに当てはまる相続人である必要があります。

①配偶者
②被相続人と生計を一にしていた親族

被相続人と「生計を一にする」のは、基本的には共に暮らしている、同居しているケースと考えてよいでしょう。仕事の都合などで別居している場合でも、生活費を共にしていて休暇には一緒に過ごしているなど、一部、認められるケースもあります。

なお、「相続開始前3年以内に生前贈与された宅地等」「相続時精算課税制度を選択適用して生前贈与された宅地等」「いわゆる『個人版事業承継税制』を選択適用して生前贈与された事業用地等」については、たとえ相続税の課税価格を構成するものであってもこの特例を受けることはできません。相続開始時点ではすでに民法上の相続財産ではないからです。

減額される面積と減額割合

「小規模宅地等の特例」は、宅地等のうち一定の面積の部分を減額するというものです。その宅地がどう利用されていたかによって、減額できる面積と減額できる割合が定められています（115ページ）。

◉特定事業用宅地等

特定事業用宅地等とは、事業（貸付事業用宅地等に該当するものをのぞく）に利用していた宅地等のことで、次の要件にあてはまるものをいいます。

- **被相続人の事業の用に利用していた場合**……その宅地等で営まれていた被相続人の事業を相続税の申告期限までに引き継ぎ、かつその申告期限までその事業を営んでいること
- **被相続人と生計を一にしていた被相続人の親族の事業の用に利用していた場合**……相続開始の直前から相続税の申告期限まで、その宅地等の上で事業を営んでいること

なお、どちらの場合もその宅地等を相続税の申告期限まで有している必要があります。

◉特定同族会社事業用宅地等

法人の事業（貸付事業用宅地等に該当するものをのぞく）に利用していた宅地等で、相続税の申告期限までその法人の役員（法人税法第2条第15号に規定する役員（清算人をのぞく））である被相続人の親族が相続または遺贈で取得したものです。その宅地等を相続税の申告期限まで有している必要があります。

◉貸付事業用宅地等

不動産貸付業、駐車場業、自転車駐車場業およびこれらに準ずる貸付事業を行っていた宅地

小規模宅地等の特例で減額される面積と割合

<table>
<tr><th colspan="3">相続開始の直前における
宅地等の利用区分</th><th colspan="2">要件</th><th>限度
面積</th><th>減額
割合</th></tr>
<tr><td rowspan="5">被相続人等
の事業の用
に供されて
いた宅地等</td><td colspan="2">貸付事業以外の
事業用の宅地等</td><td>①</td><td>特定事業用宅地等
に該当する宅地等</td><td>400㎡</td><td>80%</td></tr>
<tr><td rowspan="4">貸付事業用
の宅地等</td><td rowspan="2">一定の法人に
貸し付けられ、
その法人の
事業(貸付事業
を除く)
用の宅地等</td><td>②</td><td>特定同族会社
事業用宅地等に
該当する宅地等</td><td>400㎡</td><td>80%</td></tr>
<tr><td>③</td><td>貸付事業用宅地等
に該当する宅地等</td><td>200㎡</td><td>50%</td></tr>
<tr><td>一定の法人に
貸し付けられ、
その法人の
貸付事業
用の宅地等</td><td>④</td><td>貸付事業用宅地等
に該当する宅地等</td><td>200㎡</td><td>50%</td></tr>
<tr><td>被相続人等の
貸付事業用の
宅地等</td><td>⑤</td><td>貸付事業用宅地等
に該当する宅地等</td><td>200㎡</td><td>50%</td></tr>
<tr><td colspan="3">被相続人等の
居住の用に供されていた宅地等</td><td>⑥</td><td>特定居住用宅地等
に該当する宅地等</td><td>330㎡</td><td>80%</td></tr>
</table>

特例の適用を選択する宅地等が以下のいずれに該当するかに応じて、
限度面積を判定する。

特例の適用を選択する宅地等	限度面積
特定事業用等宅地等(①②) および 特定居住用等宅地等(⑥) (貸付事業用宅地等がない場合)	(①+②)≦400㎡ ⑥≦330㎡ 両方を選択する場合は合計730㎡
貸付事業用宅地等(③、④、⑤) および それ以外の宅地等(①、②、⑥) (貸付事業用宅地等がある場合)	(①+②)×$\frac{200}{400}$+⑥×$\frac{200}{300}$+ (③+④+⑤)≦200㎡

等のことです。

・**被相続人の貸付事業に利用していた場合**……被相続人の貸付事業を相続税の申告期限までに引き継ぎ、かつ申告期限までその貸付事業を行っていること

・**被相続人と生計を一にしていた被相続人の親族の貸付事業に利用していた場合**……相続開始前から相続税の申告期限まで、その貸付事業を行っていること

どちらもその宅地等を相続税の申告期限まで有していることが必要です。

◉特定居住用宅地等

被相続人の自宅として使っていた宅地等のことで、要件に該当する被相続人の親族が相続や遺贈で取得した場合に適用できます（117ページ）。宅地等が2つ以上ある場合は、特例が適用できるのは主として居住していた宅地等に限られます。

特定居住用宅地等の要件

区分		特例の適用要件		
		取得者		取得者等ごとの要件
①	被相続人の居住の用に供されていた宅地等	1	被相続人の配偶者	要件なし
		2	被相続人の居住の用に供されていた一棟の建物に居住していた親族	相続開始の直前から相続税の申告期限まで引き続きその建物に居住し、かつその宅地等を相続開始時から相続税の申告期限まで有していること
		3	上記1及び2以外の親族	次の(1)から(6)の要件をすべて満たすこと (1)居住制限納税義務者または非居住制限納税義務者のうち日本国籍を有しない者ではないこと (2)被相続人に配偶者がいないこと (3)相続開始の直前に被相続人の居住の用に供されていた家屋に居住していた被相続人の相続人(相続の放棄があった場合にはその放棄がなかったものとした場合の相続人)がいないこと (4)相続開始前3年以内に日本国内にある取得者、取得者の配偶者、取得者の三親等内の親族または取得者と特別の関係がある一定の法人が所有する家屋(相続開始の直前に被相続人の居住の用に供されていた家屋をのぞく)に居住したことがないこと (5)相続開始時に、取得者が居住している家屋を相続開始前のいずれのときにおいても所有していたことがないこと (6)その宅地等を相続開始時から相続税の申告期限まで有していること
②	被相続人と生計を一にしていた被相続人の親族の居住の用に供されていた宅地等	1	被相続人の配偶者	要件なし
		2	被相続人と生計を一にしていた親族	相続開始前から相続税の申告期限まで引き続きその家屋に居住し、かつその宅地等を相続税の申告期限まで有していること

＊経過措置が設けられている

①平成30年4月1日から令和2年3月31日までの間に相続または遺贈により取得した宅地等のうちに、平成30年3月31日において相続または遺贈があったものとした場合で、次のイ及びロの要件を満たす宅地等に該当することとなる宅地等(以下「経過措置対象宅地等」)があるときは、その経過措置対象宅地等については、次のイ及びロの要件に緩和されている。

イ　上記の表の①3(1)から(3)まで、および(6)の要件

ロ　相続開始前3年以内に日本国内にある取得者または取得者の配偶者が所有する家屋(相続開始の直前において被相続人の居住の用に供されていた家屋を除く)に居住したことがないこと

②令和2年4月1日以後に相続または遺贈により経過措置対象宅地等を取得した場合、同年3月31日においてその経過措置対象宅地等の上に存する建物の新築または増築等の工事が行われていて、かつその工事の完了前に相続または遺贈があったときは、その相続税の申告期限までにその建物を自己の居住の用に供したときに限り、その経過措置対象宅地等については上の表の①の被相続人の居住の用に供されていた宅地等と、その取得者は、同表の①2の要件を満たす者とみなすこととされている。

事例
7-1

老人ホームで暮らしていた父名義の自宅は？

特定居住用宅地等の例外

晩年に老人ホームに入居した父を持つＡさん

Ａさんの父は、晩年に要介護状態となり老人ホームに入居したため、それまで暮らしていた父名義の家が空き家の状態になっていました。これでは「小規模宅地等の特例」の要件である「被相続人の居住の用」を満たすことができません。

この場合、「小規模宅地等の特例」は使えないのでしょうか。

実際に住んでいなかった宅地でも認められるケースがある

小規模宅地等の特例は節税効果が大きいため、適用できるなら必ず適用したい特例ですが、Ａさんの父名義の自宅は、亡くなった時点で空き家となっています。通常、**「小規模宅地等の特例」は、基本的に被相続人が亡くなった時点で事業用か居住用に使っていないと認められません。**

ただしこの要件には例外があり、老人ホームに入居していた場合はもとの住居を「特定居住

用宅地等」として認めらます。

認められるためには、介護保険法で要介護認定、もしくは要支援認定を受けている必要があります。Aさんの父は要介護状態になったことから、認定も受けています。

入居先のホームにも条件があります。

①老人福祉法第5条の2第6項に規定する認知症対応型老人共同生活援助事業が行われる住居、同法第20条の4に規定する養護老人ホーム、同法第20条の5に規定する特別養護老人ホーム、同法第20条の6に規定する軽費老人ホームまたは同法第29条第1項に規定する有料老人ホーム

②介護保険法第8条第28項に規定する介護老人保健施設または同条第29項に規定する介護医療院

③高齢者の居住の安定確保に関する法律第5条第1項に規定するサービス付き高齢者向け住宅（①の有料老人ホームをのぞく）

なお、障害者の場合も一定の要件を満たすことで「特定居住用宅地等」と認められます。

事例
7-2

1階で会社を営み、2階を賃貸物件にしていたら？

特定同族会社・貸付事業

自営の店の2階を賃貸物件にしていた母を持つBさん

Bさんの母は、自分名義の土地（400㎡）に建てた建物（300㎡）の1階で小売業の会社を経営していました。Bさんはこの会社の役員で、もう1人の相続人であるBさんの妹は会社の役員ではありません。2階は別の会社に貸して賃料を受けています。小規模宅地等の特例として適用できるのは、どの部分でしょうか。法定相続分どおりにBさんと妹で相続します。

相続割合によってそれぞれ要件に当てはまるものを適用する

Bさんの母が所有していた宅地は、Bさんの会社が使っていた部分を特定同族会社事業用宅地等、テナントに貸し付けている部分は貸付事業用宅地等を適用できます。

「特定同族会社事業用宅地等」に該当するのは、Bさんが相続で取得した200㎡（400㎡÷2）のうち、自社の店舗である100㎡についてです。Bさんの会社が別の会社に貸し付け

事業用の宅地と貸付地が混在しているBさん

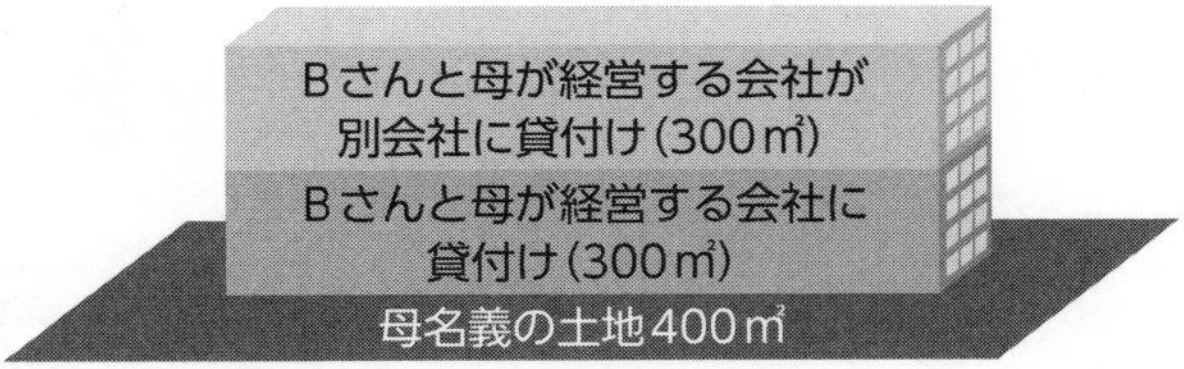

◉特定同族会社事業用宅地等に該当する部分

$$400m^2 \times \frac{300m^2(\text{自社の床面積})}{600m^2(\text{建物の総床面積})} \times \frac{1}{2}(\text{Bさんの持分割合}) = 100m^2(\text{Bさん})$$

◉貸付事業用宅地等に該当する部分

$$400m^2 \times \frac{300m^2(\text{貸付事業の床面積})}{600m^2(\text{建物の総床面積})} \times \frac{1}{2}(\text{Bさんの持分割合}) = 100m^2(\text{Bさん})$$

$$400m^2 \times \frac{300m^2(\text{貸付事業の床面積})}{600m^2(\text{建物の総床面積})} \times \frac{1}{2}(\text{妹の持分割合}) = 100m^2(\text{妹})$$

$$400m^2 \times \frac{300m^2(\text{Bさんの会社の床面積})}{600m^2(\text{建物の総床面積})} \times \frac{1}{2}(\text{妹の持分割合}) = 100m^2(\text{妹})$$

（上記2式）計200㎡

ている部分については、「貸付事業用宅地等」に該当します。

一方で、妹が相続した200㎡のうち、Bさんの会社分は特定同族会社事業用宅地等には該当しません。妹は役員ではないからです。しかし、別のテナントに貸し付けている部分は貸付事業用宅地等として小規模宅地等の特例を選択できます。

ただし、小規模宅地等の特例は限度面積要件（115ページ）があります。仮に特定同族会社事業用宅地等（適用可能面積400㎡）のうち、100㎡（適用枠の25%相当）について優先して適用した場合、貸付事業用宅地等は残りの適用枠である75%に適用可能面積200㎡をかけた150㎡までしか適用できません。そこで、Bさんが取得した貸付事業用宅地等100㎡と妹が取得した同じく200㎡のうちから、納税者の選択によって150㎡を任意に選択して申告することになります。

事例
7-3

二世帯住宅は小規模宅地等の特例を適用できる？

二世帯住宅

父と二世帯住宅で暮らしていたCさん

父が昔から暮らしていた土地に二世帯住宅を建てたため、両親と自分の家族で同居していたCさん。土地の名義は父、建物は父とCさんの共有名義です。母は10年前に亡くなり、1階は父が一人で暮らしていましたが、その父も亡くなってしまいます。兄弟はいません。

二世帯住宅の場合、小規模宅地等の特例は適用できるのでしょうか。

名義によって扱いが異なる

小規模宅地等の特例は、通常、自宅のうち被相続人が暮らしていた敷地面積に対して適用することができます。Cさんの例でいえば1Fの部分です。

ただし、**二世帯住宅の場合は、例外的に敷地の全体に適用することができます。**敷地面積を世帯別に分ける必要がないわけです。

二世帯住宅は形態ではなく名義に注意

構造上、分離されていない二世帯住宅

玄関が共用で、建物の内部で世帯同士の行き来ができる

構造上、分離されている二世帯住宅

玄関が別で、建物の外部で世帯同士の行き来を行う

どちらの形態でも敷地全体に小規模宅地等の特例が適用できる
ただし「**被相続人の単独名義**」か「**被相続人と相続人の共有名義**」の部分に限られる（区分所有で被相続人名義のない部分は適用できない）

二世帯住宅の形態に決まりはなく、建物の内部で行き来できるタイプの家でも、一度建物の外部に出なければ行き来できないタイプの家でも小規模宅地等の特例が適用できます。節税効果が大きいのが二世帯住宅と言えるでしょう。

ただし二世帯住宅の名義には注意が必要です。**二世帯住宅で小規模宅地等の特例を適用できるのは、「家屋の登記が被相続人である」もしくは「家屋の登記が被相続人と相続人の共有名義である」ケースに限られます。**

二世帯住宅は区分所有登記をすることができます。Cさんの場合で言うと、家屋の1階を父名義、2階をCさん名義にするようなケースです。このような区分所有名義にしてしまうと、小規模宅地等の特例を適用することはできなくなってしまいます。

8 生命保険は相続対策に有効

生命保険に認められた非課税枠がある

身近な人が亡くなって生命保険金を受け取ることがあります。本来、生命保険金は受け取った人の財産ですが、保険料を支払っていたのが亡くなった人の場合は被相続人の財産と考えることもできます。そのため、**生命保険金の保険料支払者が亡くなった人である場合、みなし財産として相続税の対象となる**わけです。

ただし、生命保険は通常、残された家族の生活を保障するために契約されていたものと考えられるため、非課税枠が用意されています。**生命保険金の受取人が相続人（相続放棄した人や相続権を失った人をのぞく）の場合、すべての相続人が受け取った保険金の合計額が、次の計算式で算出された非課税限度額を超える際に、その超えた部分が課税対象となります。**

［500万円×法定相続人の数＝非課税限度額］

生命保険を残した場合と現金で遺産を残した場合

◉法定相続人２人が2,500万円ずつ生命保険金を受け取った場合

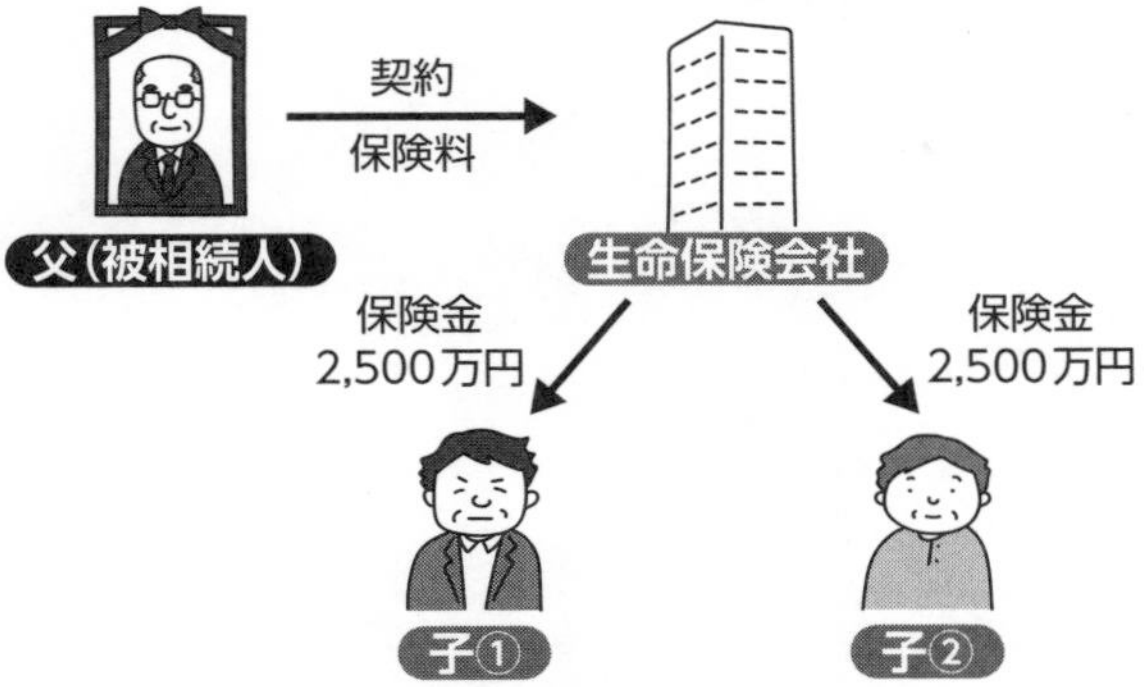

- **生命保険金の非課税限度額を計算する**
  500万円×法定相続人2人＝非課税限度額1,000万円
- **生命保険金の課税対象額を計算する**
  生命保険金合計額5,000万円−非課税限度額1,000万円＝課税対象額4,000万
- **相続税の基礎控除額を計算する**
  3,000万円+600万円×2人=基礎控除額4,200万円

生命保険金のうち 課税対象額4,000万円 ＜ 基礎控除額 4,200万円 なので相続税はかからない

◉法定相続人２人が現金2,500万円ずつ相続した場合

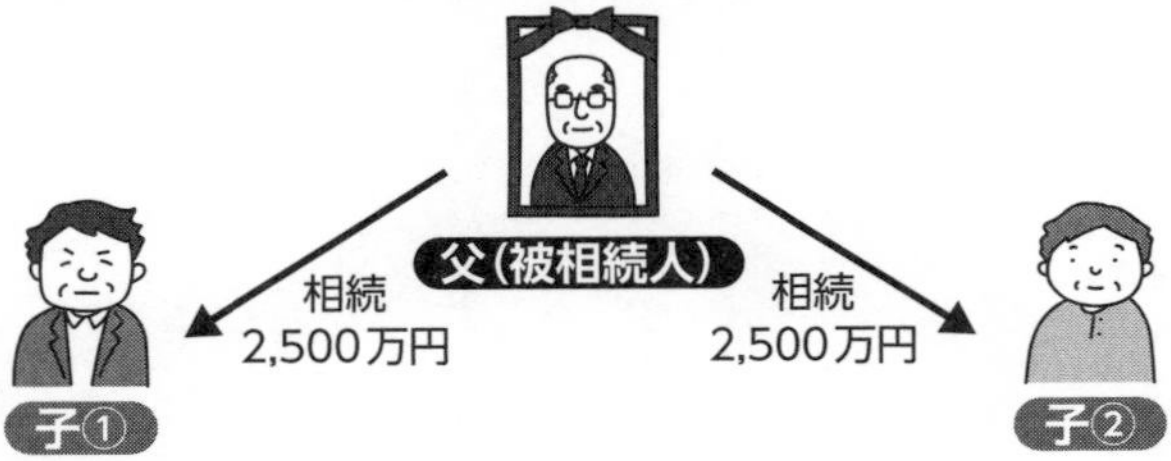

- **相続税の基礎控除額を計算する**
  3,000万円+600万円×2人＝基礎控除額4,200万円

課税対象額 5,000万円 ＞ 基礎控除額 4,200万円 なので相続税がかかる

- **相続税の課税遺産総額を計算する**

たとえば、法定相続人が2人で、生命保険金が合計5000万円だったとしましょう。非課税限度額は次のように計算されます。

[500万円×2人＝非課税限度額1000万円]

この場合、生命保険金の合計5000万円から非課税限度額1000万円を引いた4000万円が相続税の課税対象となるわけです。

ただし、相続税を計算する際には、基礎控除（60ページ）もあります。基礎控除額は法定相続人2人の場合4200万円（3000万円＋600万円×2人）となります。その他の相続財産がなかった場合、4000万円は基礎控除以下ですから相続税を支払う必要はありません。

つまり、生命保険金に相続税がかかるかどうかは、「生命保険の非課税限度額と基礎控除額を足した金額」より多いときに、その多い部分にかかるわけです。

活用法が多い生命保険

先の例では、相続財産が生命保険金のみの場合でした。それでは、同じ5000万円を現金で相続した場合はどうでしょうか。当たり前ですが、非課税枠が使えないため、使えるのは基礎控除のみです（その他の控除や特例等を使用できないとします）。

基礎控除額は法定相続人２人で４２００万円ですから、これを超えた８００万円に対して相続税が課税されます。生命保険が相続対策として大きいことがわかるでしょう。遺族の生活保障に役立ってくれるという大きなメリットがあるわけです。

その他、生命保険は次のようなケースにも有効です。

・納税資金として

不動産などの資産が多い場合、相続税の納税が大きな負担となることがあります。このような場合、生命保険をかけて納税資金として活用することが可能です。

・受取人を指定できる

生命保険は受取人を指定できるため、被相続人が資産を残したい相手を選んで、資産を残すことができます（１２８ページ）。遺産分割や遺留分の対象とならないからです。保険会社との契約によっては、相続人でなくても受取人に指定することができます（１３０ページ）。

・相続放棄をしても受け取れる

生命保険はみなし財産として課税対象になりますが、民法上の相続財産ではありません。そのため、たとえ相続放棄（32ページ）をしても受け取ることができます。

・遺産分割前に保険金を受け取ることができる

基本的に、遺産は遺産分割協議が終わるまで勝手に使うことができません。相続人同士の遺産分割協議が長引いた場合、生活資金に困る可能性もあるわけです。その点、生命保険は遺産分割協議とは関係なく、受取人を指定できるものですから、当面の生活資金として活用することもできるわけです。通常は、保険会社に保険金を請求してから１～２週間程度で保険金が支払われます。

生命保険にもデメリットはある

活用メリットが多い生命保険ですが、注意点もあります。

◉遺産分割ができない

受取人を指定できるということは、反面、遺産分割の対象にならないということでもあります。相続人同士、また相続人以外で受取人となっている人との間で不公平感が生まれてしまえば、余計なトラブルを招きかねないわけです。

そのため、生前から生命保険の趣旨を説明し、関係者に理解を得ておくほうがよいでしょう。

◉「生命保険契約に関する権利」は非課税枠が使えない

生命保険の非課税枠が使えるのは、被相続人が保険料を負担していて、死亡した際に支払われる死亡保険金であって、**「生命保険契約に関する権利」については、非課税枠を使うことはできません。**

「生命保険契約に関する権利」とは、被相続人が保険料を負担していた生命保険契約で、相続時にまだ保険事故が発生していないものをいいます。たとえば被相続人が父で、息子を被保険者として父が保険料を負担して生命保険をかけていた場合、その生命保険の権利を息子が引き継ぐことがありますが、このような場合には非課税枠を使うことができないわけです。

さらに、「生命保険契約に関する権利」は、契約の仕方によって民法上の財産として遺産分割協議の対象に取り込まれる点、また契約者ではなく保険料負担者によって相続税がかかるかどうかが決まる点にも注意が必要です。

事例
8-1

相続人以外の人が生命保険金を受け取ったら？

生命保険金受取人

兄から生命保険金の受取人に指定されていたAさん

Aさんは兄から1000万円の生命保険金の受取人に指定されていました。保険料は兄が支払っていて、契約も兄がしていたため、Aさんはそのことを兄が亡くなってから知ったそうです。兄には妻と子どもが1人いるので、Aさんは法定相続人ではありません。その妻も3000万円、子どもは2000万円の生命保険金を受け取っています。

この場合、Aさんは生命保険の非課税枠を使うことができるでしょうか。

相続人が複数で保険金を受け取った場合

複数人で生命保険金を受け取った場合、保険金を受け取った相続人全員で保険金の非課税枠を使うことになります。それぞれが使えるのは、保険金の受取額に応じた割合です。

まず、Aさんが保険金を受け取っていなかった場合を考えてみましょう。

妻子のいる兄の生命保険受取人になっていたAさん

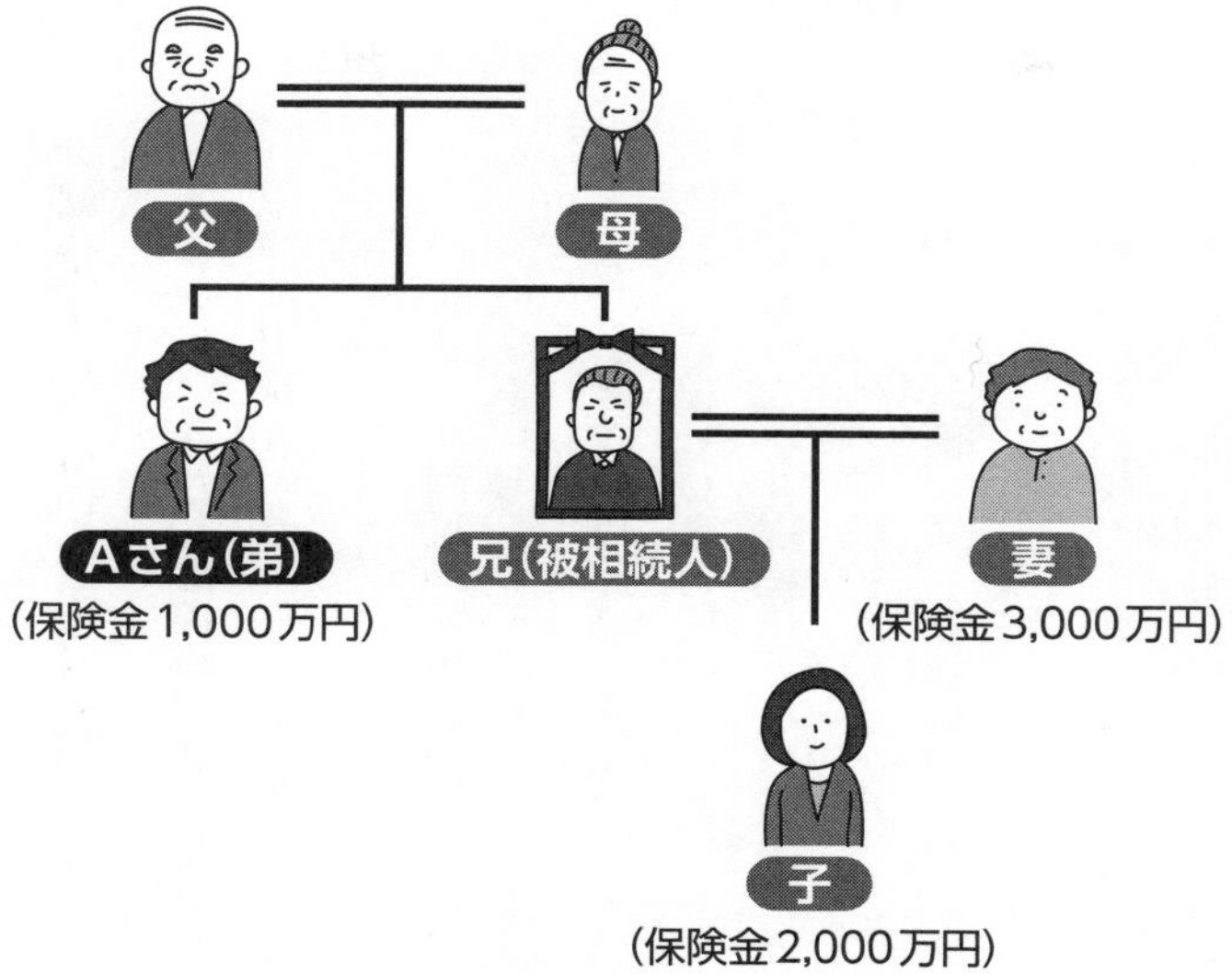

保険金の受取人は相続人である妻と子ども1人ですから、合計1000万円（500万円×2人）の非課税枠があります。この1000万円を妻と子どもの受取割合によって分配します。

- **妻が使用できる非課税枠**

［非課税枠1000万円×妻の保険金3000万円÷（妻の保険金3000万円＋子どもの保険金2000万円）＝非課税枠600万円］

- **子どもが使用できる非課税枠**

［非課税枠1000万円×子どもの保険金2000万円÷（妻の保険金3000万円＋子どもの保険金2000万円）＝非課税枠400万円］

それぞれの非課税枠600万円と400万円を足すと、合計で1000万円の非課税枠を使えるわけです。

相続人でないと非課税枠を使うことができない

しかし、**Aさんは相続人ではないため、生命保険の非課税枠を使うことはできません。**非課税枠は相続人の数によって計算されるため、妻と子どもの1000万円は変わらず、またその分配も同じです。

つまり、非課税枠と相続税の課税対象額はそれぞれ次のようになります。

- **妻**……非課税枠600万円、課税対象額2400万円（保険金受取額3000万円－非課税枠600万円）
- **子ども**……非課税枠400万円、課税対象額1600万円（保険金受取額2000万円－非課税枠400万円）
- **Aさん（弟）**……非課税枠0円、課税対象額1000万円

相続税の納税が必要かどうかは、この課税対象額が基礎控除額を超えるかどうかで判定します。今回、法定相続人は妻と子どもの2人ですから、基礎控除額は4200万円（3000万円＋600万円×2人）です。課税対象額を合計してみましょう。

［妻2400万円＋子ども1600万円＋Aさん1000万円
＝課税対象合計額5000万円］

この場合、基礎控除額の4200万円を超えてしまいましたので、相続税の納税が必要です。

相続税が2割加算される！

さらに注意が必要なのは、**相続人以外の人が生命保険金を受け取って相続税がかかる場合、その相続人以外の人が負担すべき税額が2割加算される**ことです。この場合、Aさんは納税額に2割加算されてしまいます。

納税の負担がぐっと重くなってしまいますが、これはAさんにとって「棚からぼたもち」で手に入れた財産という面があるからです。**相続税が2割加算されてしまう対象は「配偶者・一親等の血族・代襲相続人の直系卑属」以外の人**です。少しイメージがしづらいので、図をご覧ください（135ページ）。相続税が加算されるのは、白枠で囲まれていない人です。亡くなった被相続人から見ると、血縁関係が遠い人であることがわかります。

なお、孫の加算については混乱しがちなので注意してください。

- **孫養子の場合**……2割加算の対象になる
- **代襲相続人の孫**……2割加算の対象にならない

通常、子どもは親の財産を相続して相続税を支払い、さらにその子どもが亡くなったらその子ども（孫）が相続して相続税を支払います。しかし、たとえば孫を養子にした場合、子どもを飛び越えて財産を相続するため、相続税を一代飛ばすことが可能になってしまいます。そのため、孫養子が相続する場合には2割加算されてしまうわけです。

反対に、親より子どもが先に亡くなっていたために、親（祖父母）の財産を孫が相続する代襲相続の場合、孫養子と違って「相続税を一代飛ばした」とは考えられません。そのため、相続税の2割加算がないわけです。

相続税の２割加算の対象となる人

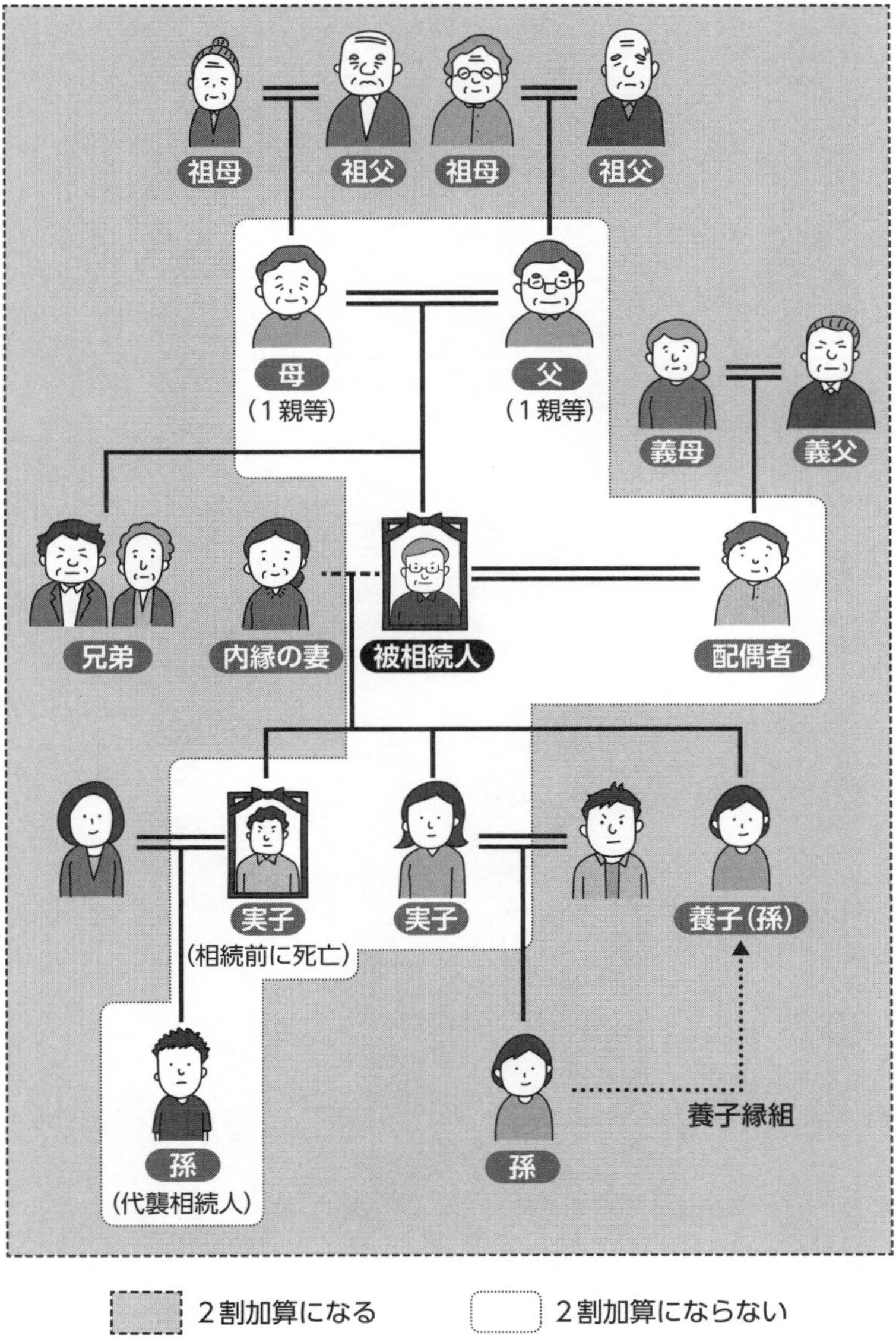

第 3 章

生前にやっておけば安心の相続税対策

9 生前対策の基本を知っておこう

子どもから切り出すならタイミングが肝心

相続税対策は時間があればあるほど対策の効果が大きくなります。そのため、なるべく早く、まだ元気なうちから始めるのがベストです。

ただ、なかなかそうできない現実もあります。元気なうちは自分の死後のことは考えづらいものだからでしょう。

子どもから切り出すと「死ぬのを待っているのか」と気分を害されてしまう可能性もあります。子どもからすると**親から話をしてくれるのが一番ですが、むずかしい場合にはタイミングを見計らって話をする**ようにしましょう。

たとえば、親が病気やケガをした、介護施設に入居することになった、親戚が相続でもめているなどがあれば、親も自分の相続について考えやすくなります。

ただし、病気やケガなどで親が落ち込んでいるなら相続の話は避けます。

このような場合には、治療費や入院費用などの支払いがあるなどを口実に、預金通帳の保管場所や生命保険の加入状況など、差し迫って必要なことだけを聞くようにします。込み入った話は、親が前向きな気持ちで相続をとらえられるようになったタイミングを待って行うとよいでしょう。

親は整理が肝心

財産を残す親にとって大切なのは、「財産を、誰に、どれくらい分けるか」を明確にすることです。そのためには、まず「自分の財産の内容を確認・整理する」こと。自分が、どんな財産を、いくら持っているかがわからなければ、節税対策をすることもできません。

次のような手順で行うとスムーズです。

❶現時点の財産目録（69ページ）を作成する

自分が現時点で持っている財産をリストアップします。およそでよいので、それぞれの財産がいくらかも書き添えていきます。

あわせて、自分の死亡時の相続人が誰になるかも確認しておきます。基礎控除額も試算しておくと、対策が練りやすくなるでしょう。

❷自分が死ぬまでに必要な金額を財産額から引く

生活費や医療費、娯楽費など、自分が死ぬまでに必要な金額をライフプランに合わせて割り出します。そのうち、年金など収入からまかなえない部分は、現時点の財産から取り崩して使うことになりますので、この分を差し引くと、死亡時点で残るおよその財産額が想定できます。

特に財産が多い人の場合、「お金を使う」のは財産を減らすという意味で有効な相続対策のひとつです。自分の人生を豊かにするために、楽しみながらライフプランを作ってみましょう。

❸財産の分け方を考え、相続税対策をする

死亡時に残ると想定されるおよその財産額を、誰に、どう分けるかを考えます。どう相続税対策すれば納税額を抑えられるかも検討し、実践していきましょう。たとえば、生前贈与をする（146ページ）、生命保険に加入する（124ページ）、資産を組み換える（174ページ）などです。

相続プランは、関係者全員に説明し、納得を得ておくことも大切です。

「自分の家族は仲がよいから相続争いにはならない」と思いがちですが、意外なほどに多いもの。争いとまではいかずとも、親族間に不満の種をまいてしまうのは本意ではないでしょう。

そもそも、生前対策、相続税対策は、家族全員で行うほど効果が大きくなります。そのためにも、家族全員が集まって理解を求めるようにします。

遺言書にまとめる

家族と話し合いをしても、十分な理解を得られるとは限りません。その時点では理解を得られていても、実際に自分の死後に感情的な争いになる可能性もあります。

このような対立を防ぐために、自分の意思は遺言書としてしっかり残しておきましょう。遺言書は法的な効力を持ちます。自分の意思を明確に伝えるためにも、相続税を意識する方は、すべての人が残したほうがよいと言えます（２０４ページ）。

事例
9-1

節税効果の高い養子縁組にはデメリットもある?

養子縁組

生前対策として孫を養子にしようと悩むAさん

Aさんはマンション・アパート経営をしていて、資産も多く、早くから自分の死後の相続税対策に悩んでいました。自身も親から相続を受けたときに苦労した経験があったからです。妻はすでに亡くしましたが、結婚して家庭を持つ2人の息子に同じ苦労をさせたくないと考えていました。そこで、4人の孫と養子縁組しようかと考えているのですが、デメリットはあるのでしょうか。

養子は基礎控除の計算で数に制限がある

養子縁組をすると、相続税が節税になると耳にした人も多いでしょう。実際、養子縁組は相続税の節税策として有効ですが、注意点もあります。

まず、**養子縁組が相続税の節税対策になる理由は、法定相続人の人数が多いほど基礎控除額**

孫と養子縁組を考えるAさん

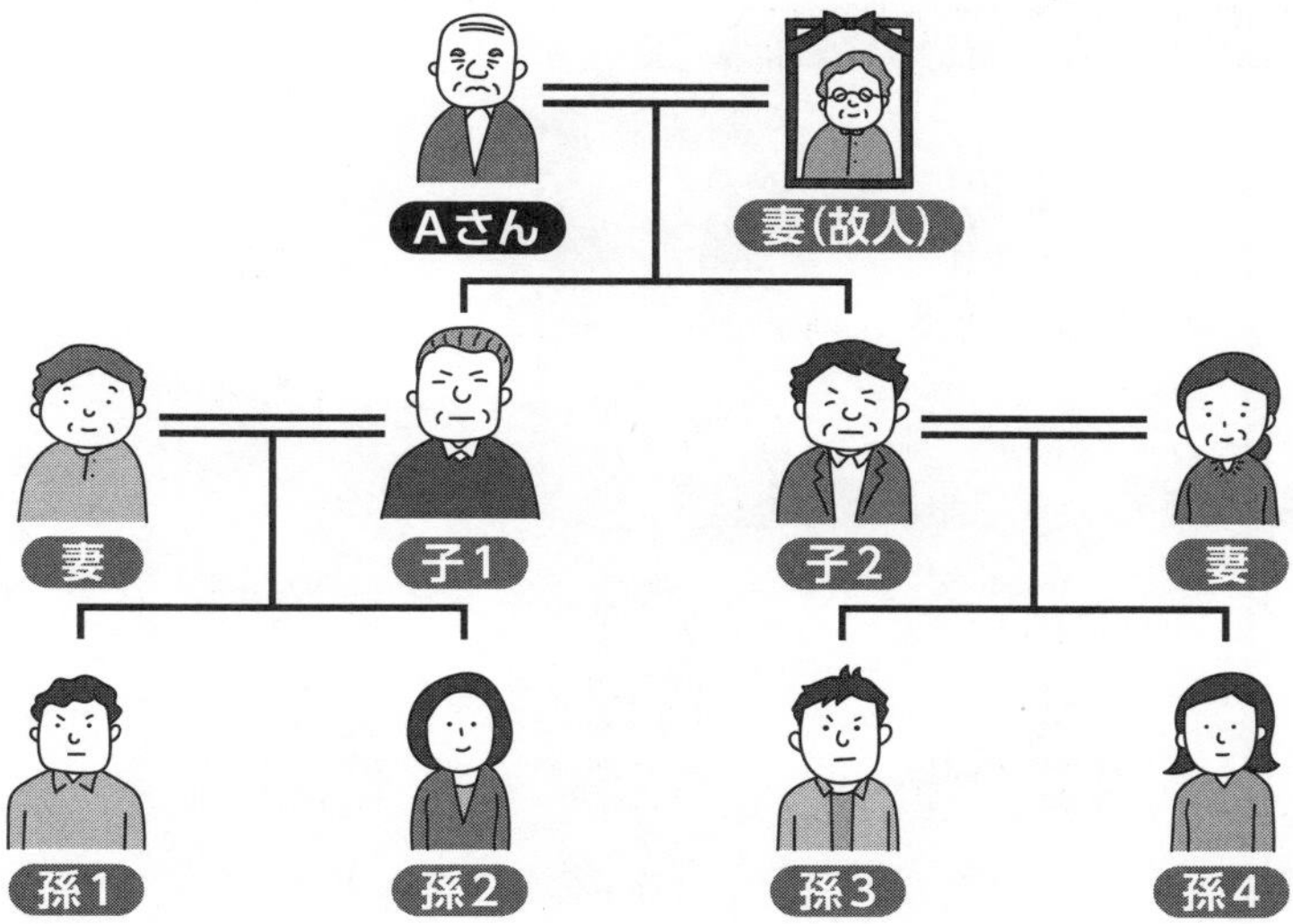

（60ページ）が多くなるからです。基礎控除は［3000万円＋600万円×法定相続人の人数］で計算されます。この法定相続人は、後に述べる制限に達するまでは養子でも実子と同じようにカウントされるため、基礎控除額が多くなるわけです。

生命保険金の非課税限度額（124ページ）も、［500万円×法定相続人の人数］で計算されるため、法定相続人が多いほど非課税限度額が増え、結果として納税額が下がるしくみになっています。

民法上、養子縁組をする数に限りはありません。何人と養子縁組してもよいことになっています。極端な話ですが、Aさんの場合、4人の孫はもちろん、息子の嫁2人、またその他親類と養子縁組することもできます。

ただし、繰り返しますが、これは民法上の話。**相**

基礎控除の計算に考慮できる養子縁組の数

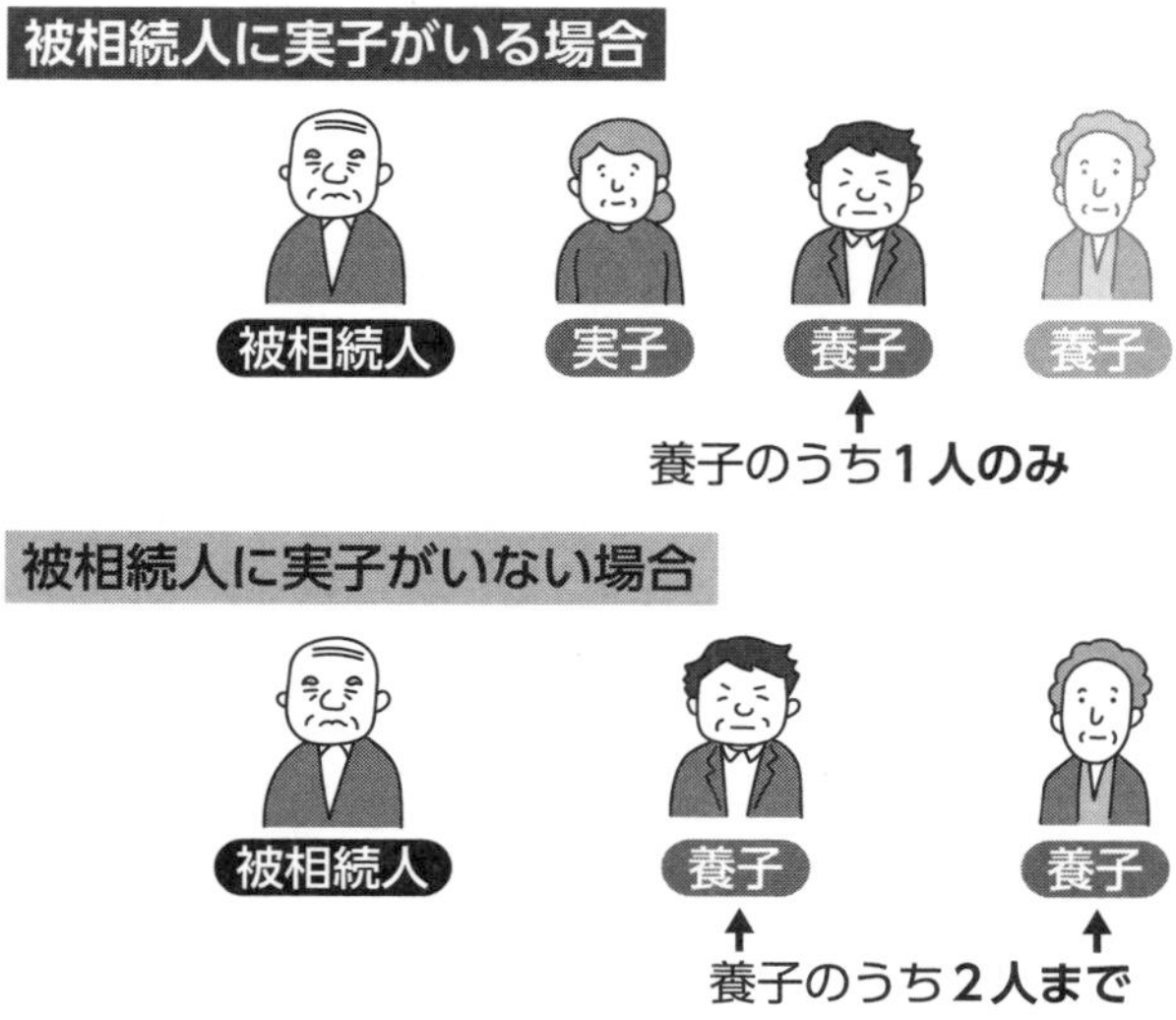

続税の計算では法定相続人の数に限りがあります。制限を設けなければ、際限なく養子縁組して、相続税をゼロにすることも可能だからです。その制限は、以下のようになっています。

- 故人に実子がいる場合、相続税の計算に入れられる養子は1人まで
- 故人に実子がいない場合、相続税の計算に入れられる養子は2人まで

Aさんの場合、実子である息子が2人います。そのため、4人の孫と養子縁組しても、基礎控除の計算では法定相続人を3人として計算します。

もちろん、1人増える分、基礎控除額が600万円増えますが、無制限ではありませんので注意が必要でしょう。

◉養子縁組は相続税が加算される

孫を養子にすると、相続税が2割加算されることにも注意が必要です（133ページ）。ただし、だからといって一概に「孫を養子縁組するのは節税に不利」とまでは言えません。

養子縁組によって確実に法定相続人が増える節税効果がありますから、実際に相続税額を試算してみて、どちらが有利かを判断すべきでしょう。

養子縁組を否認される可能性もある

養子縁組は正当な節税手段ですから、税務署から指摘を受けづらい対策といえます。ただし、否認される可能性がないわけではありません。

たとえば、被相続人が危篤状態になってからあわてて養子縁組をしたなどのケースです。明らかに法定相続人を増やして基礎控除額を広げようとする行為ですから、否認される可能性が高いと言えます。

10 生前贈与で相続財産を減らす

財産をもらったら贈与税の対象になる

贈与税は、個人から財産をもらったときにかかる税金です。会社など法人から財産をもらったときには所得税がかかりますが、個人からもらった場合には贈与税がかかります。

相続税には「生前贈与」という互いに存命中に資産を受け渡すものと、「死因贈与」という死後に贈与すると取り決めておくものがあります。死因贈与は相続に近いと感じるかもしれませんが、死因贈与はあらかじめ両者が資産の受け渡しを了承しているところが違います。その贈与を、死亡時点で履行するという取り決めと言えます。

贈与税の対象となる財産は、相続税とほぼ同じです。現金はもちろんのこと、不動産や株式などの財産、また一部の生命保険金も対象になります。

生命保険金で贈与税の対象となるのは、たとえば「母親が保険料を払っていた生命保険で満

期金を受け取った」など、自分が保険料を負担していない場合です（166ページ）。ただし、死亡した人が自分を被保険者として保険料を負担していた生命保険金の場合、贈与税ではなく相続税の対象となります（124ページ）。

注意が必要なのは、借金を免除してもらう債務免除、本来の価格より安い価格で資産を譲ってもらう低額譲渡でも贈与税がかかるケースがあることです。自分が得をしたときにかかるのが贈与税と言えるかもしれません。

ただし、債務免除の場合、債務がある人が弁済が困難なときなどには贈与による取得とみなされません。低額譲渡の場合、本来の価格と安い価格の差額に対して贈与税がかかります。

贈与税の基礎控除を利用する

贈与税は「暦年課税」と「相続時精算課税制度（154ページ）」の2つの課税方式があります。ここでは、まず暦年課税を見ていきましょう。

暦年はその名前のとおり暦の上での1年という意味で、**1月1日から12月31日までの1年間**という意味です。つまり暦年課税は1年間にもらった財産の合計額に課税される方式ということになります。

ただし、**贈与税には年間110万円の基礎控除額が用意されています。** 1年間にもらった贈与財産が110万円以内であれば、贈与税がかからないということ。これを利用すると、毎年110万円ずつを生前贈与して、手持ちの財産を減らしていけば、いざ相続が発生したときに相続財産が減っていて、相続税を抑えることができるわけです。

年間で110万円でも、20年続ければ2200万円もの相続財産を減らすことができます。相続発生までに時間がある場合など、ぜひとも利用したいのが「基礎控除額を利用した生前贈与」と言えるでしょう。じっくり時間をかけて相続対策ができます。

注意が必要なのは、財産をあげる人が複数いても基礎控除額の110万円は変わらないということ。 たとえば1月1日から12月31日の間に、父親から100万円、母親から100万円を贈与されたら合計200万円となり、基礎控除額を超えた90万円（贈与合計額200万円－基礎控除額110万円）に対して贈与税がかかることになります。

贈与税の計算方法

贈与税の計算方法は非常にシンプルです。

暦年課税の贈与税の計算

贈与税の計算式

(1年間に贈与でもらった財産の合計額－基礎控除額110万円)×税率

◉一般贈与財産用(一般税率)

基礎控除後の課税価格	200万円以下	300万円以下	400万円以下	600万円以下	1,000万円以下	1,500万円以下	3,000万円以下	3,000万円超
税率	10%	15%	20%	30%	40%	45%	50%	55%
控除額	—	10万円	25万円	65万円	125万円	175万円	250万円	400万円

(例)贈与財産の価額が500万円の場合

財産価額 500万円 － 基礎控除額 110万円 ＝ 基礎控除後の課税価格 390万円

基礎控除後の課税価格 390万円 × 一般税率 20% － 控除額 25万円 ＝ 贈与税額 53万円

◉特例贈与財産用(特例税率)

基礎控除後の課税価格	200万円以下	400万円以下	600万円以下	1,000万円以下	1,500万円以下	3,000万円以下	4,500万円以下	4,500万円超
税率	10%	15%	20%	30%	40%	45%	50%	55%
控除額	—	10万円	30万円	90万円	190万円	265万円	415万円	640万円

(例)贈与財産の価額が500万円の場合

財産価額 500万円 － 基礎控除額 110万円 ＝ 基礎控除後の課税価格 390万円

基礎控除後の課税価格 390万円 × 一般税率 15% － 控除額 10万円 ＝ 贈与税額 48.5万円

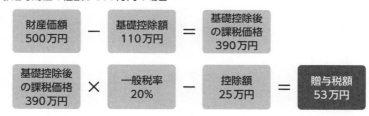

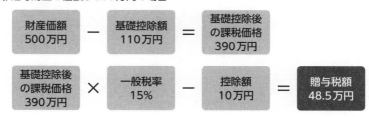

［（1年間に贈与でもらった財産の合計額－基礎控除額110万円）×税率］

税率は速算表で確認できますが、平成27年分以降の贈与税の税率は「一般贈与財産用（一般税率）」と「特例贈与財産用（特例税率）」があります。

- **一般贈与財産用（一般税率）**……たとえば兄弟間の贈与、夫婦間の贈与（152ページ）、親から子どもへの贈与で子どもが未成年の場合に使用する
- **特例贈与財産用（特例税率）**……祖父母や父母などから、20歳以上（その年の1月1日時点）の子どもや孫への贈与に使用する

計算例は149ページで紹介しています。一般税率と特例税率では、特例税率のほうが優遇されていることがわかるでしょう。贈与財産価額が500万円の場合、特例税率のほうが4万5000円安くなります。

なお、たとえば20歳以上の人が配偶者と自分の親から贈与を受けた場合には、「一般贈与財産用」と「特例贈与財産用」の両方の計算が必要になります。この場合、すべての財産を「一般贈与財産用」と「特例贈与財産用」の税率で計算し、税額に占める贈与財産の割合に応じた

税額を算出します。納付するのは、それぞれの合計額です。

一般贈与財産が100万円、特例贈与財産が400万円（合計500万円）の場合を考えてみましょう。

①すべての贈与財産を「一般贈与財産」として税額計算し、割合に応じた税額を算出する

［贈与財産額500万円－基礎控除額＝基礎控除後の課税価格390万円］

［基礎控除後の課税価格390万円×税率20％－控除額25万円＝53万円］

［53万円×（一般贈与で受けた額100万円／贈与合計額500万円）＝税額10・6万円

②すべての贈与財産を「特例贈与財産」として税額計算し、割合に応じた税額を算出する

［贈与財産額500万円－基礎控除額＝基礎控除後の課税価格390万円］

［基礎控除後の課税価格390万円×税率15％－控除額10万円＝48・5万円］

［48・5万円×（特例贈与で受けた額400万円／贈与合計額500万円）＝税額38・8万円］

③①と②を足して贈与税額を算出する

［一般贈与財産の贈与税額10・6万円＋特例贈与財産の贈与税額38・8万円
＝贈与税額49・4万円］

事例 10-1

長年連れ添った妻に自宅を贈与したいなら？

贈与税の配偶者控除

自宅を妻の名義に変えて贈与したいAさん

Aさんは現在結婚18年で、結婚前から続けてきた投資で思わぬ利益が出たため、マイホームの建築を検討しています。さらに、「どうせなら、これまで支えてくれた妻のものにしてあげたい」と、自宅名義を妻にしたいと考えているようですが、資金は夫であるAさんのもの。妻への贈与として贈与税が課税されることを心配しています。

夫婦だけに許される一生に一度の特例

夫婦間での財産の贈与には、**2000万円の配偶者控除があります**。基礎控除と合わせると2110万円も課税対象額から差し引けることになります。

配偶者控除を適用できる要件は以下のとおりです。

- 婚姻関係が20年以上であること（1年未満の端数は切り捨て）

・居住用不動産またはその取得資金の贈与であること
・翌年3月15日までに入居して、その後も引き続き居住すること
・贈与税がかからなくても贈与税の申告が必要

婚姻関係が20年以上であることが要件で、事実婚では認められません。Aさんは事実婚ではありませんが、結婚してまだ18年です。あと2年ほど待って、結婚20年以上となってからマイホーム建築を検討したほうが、贈与税が安くなるわけです。

この**配偶者控除は、同じ配偶者からの贈与は1回に限ります**。自宅を半分ずつ、2回にわたって贈与した場合、配偶者控除を適用できるのは初めの1回分だけとなっています。

また、贈与税の配偶者控除の適用を受けた財産について、その直後に贈与者が死亡した場合には、次の点に留意する必要があります。

・贈与後3年以内（贈与した年をのぞく）に贈与者が死亡した場合には、過去に贈与税の配偶者控除の適用を受けた財産は、相続税の課税財産に足し戻す必要はない
・贈与した年分に贈与者が死亡した場合には、事後に贈与税の配偶者控除の適用を受ける申告をしたうえで、相続税の課税財産に足し戻す必要はないが、相続税の申告書にその旨の記載をする必要がある

事例
10-2

子ども・孫への贈与が2500万円まで非課税!?

相続時精算課税制度

収益物件を子どもに贈与したいBさん

Bさんは賃貸アパートを複数、経営しています。ありがたいことに経営は安定しており、年々、資産が増えている状況です。ただ、心配なのは自分の死後。このまま財産が増えていくと、相続税が大変になるのではないかと、早めに賃貸アパートを子どもに贈与したいと考えています。しかし、こうなると贈与税も心配です。

多額の贈与をしたいならメリットがある

贈与税には「暦年課税（147ページ）」と「相続時精算課税制度」の2つの方式があります。このうち**相続時精算課税制度とは60歳以上の祖父母や父母から20歳以上の子どもや孫に贈与をする場合に、2500万円まで贈与税が非課税になる制度です。**

2500万円を超えた部分には課税されますが、超えた部分に一律20％の贈与税ですむため、贈与税をグンと下げることができます。

相続時精算課税制度の例

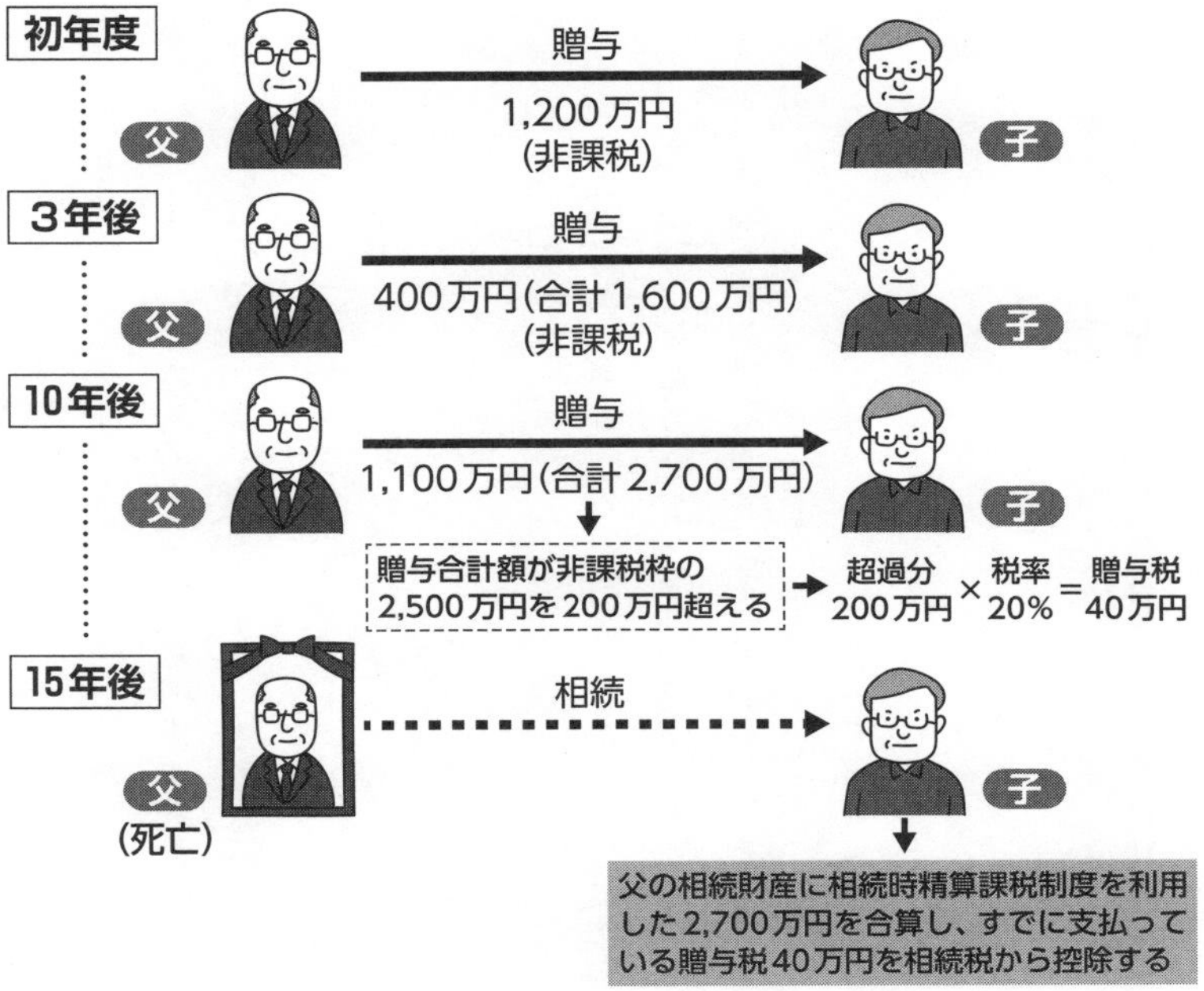

さらに、この**2500万円の非課税枠は一括である必要がなく、複数年にわたって分割して与えられる枠である**ことも特徴的です。

ただし、「相続時精算課税制度」の名前からわかるとおり、**贈与をする人が死亡して相続が発生した場合には、贈与でもらった金額を相続財産に加算して相続税を計算しなければなりません。原則として、相続税の節税対策にはならない**と言えます。

もちろん、節税になるケースもあります。株式など将来値上がりしそうな資産を贈与する場合です。たとえば中小企業オーナーが業績好調の自社株式を後継者の子どもに2500万円で贈与するようなケースが典型例でしょう。仮に父の死亡時に自社株式の相続税評価額が1億円になっていたとしても、相続税の計算は贈与時の2500万円で加算するため、節税メリットがあるわけです。

また、**Bさんのように「このままだと相続財産が多くなってしまう。これ以上、資産を増やしたくない」という場合でも、相続時精算課税制度のメリットを享受できます**。一度、賃貸アパートを贈与すると、それ以降の収益は子どもに直接入ります。相続税の対象になる資産の増加を防ぐには、よい方法と言えるでしょう。

その他、次のようなケースで相続時精算課税制度のメリットがあります。

- 一時的に多額の資金を贈与したい場合に利用しやすい
- 自社株など分散したくない財産を事前に贈与できる
- 贈与者主導で遺産分割の前倒しができる

デメリットに要注意

ケースによってはメリットが多い相続時精算課税制度ですが、一方でデメリットもあります。利用の際には、メリット・デメリットの両面を見て判断するようにしましょう。

❶利用以後、110万円の贈与税の非課税枠が使えなくなる

相続時精算課税制度を一度でも利用すると、それ以降は暦年贈与を使えなくなってしまいます。年間110万円以内の贈与税の非課税枠がなくなるわけです。

たとえば、「贈与額1000万円、相続財産の総額8000万円」のケースを考えてみましょう。相続時精算課税制度を利用すると、贈与財産の1000万円には生前に贈与税がかかりませんが、相続が発生すると贈与額1000万円が相続税の課税対象となります。つまり、相続時には9000万円（贈与財産1000万円＋相続財産8000万円）が相続税の課税対象となるわけです。早くから110万円の暦年贈与を始めていたほうが有利だった可能性があります。

❷贈与資産が将来値下がりや消滅した場合には相続税の負担が大きくなる

[redacted]ページで紹介したように、相続税の計算では、贈与時点での評価額を使います。そのため、贈与資産が値下がりした場合には、値下がり前の評価額で計算されるため、生前贈与しなかった場合に比べて相続税の負担が大きくなるわけです。

❸小規模宅地等の特例を使えない

相続時精算課税制度を利用して宅地を贈与すると、相続発生時に小規模宅地等の特例（110ページ）を使うことができません。

たとえば父と同居している子どもが２５００万円分の自宅の土地を相続で引き継いだ場合と、相続時精算課税制度で贈与された場合を考えてみましょう。相続された場合には、小規模宅地等の特例を使って評価額を80％減額できますが、相続時精算課税制度で贈与された場合は２５００万円で加算することになります。

メリットとデメリットを総合的に考えると……

このように、相続時精算課税制度にはメリットとデメリットがありますが、両面を総合的に考えると、この制度は次のような人なら利用を検討する価値があるでしょう。

・相続税がかからない人

相続時精算課税制度を利用すると、相続発生時に相続財産に贈与財産を加算して計算します。しかし、贈与する前の時点で相続財産が基礎控除（60ページ）内に収まる人など、相続税がかからない人であれば加算しても相続税が発生しません。

・相続財産がおおむね１億円以下の人

相続時精算課税制度のデメリットのひとつに、暦年課税の１１０万円の非課税枠が使えなく

法定相続分で遺産分割した場合の相続税の目安

◉配偶者と子どもが相続人の場合

遺産総額	配偶者 子ども1人	配偶者 子ども2人	配偶者 子ども3人	配偶者 子ども4人
5,000万円	40万円	10万円	0円	0円
6,000万円	90万円	60万円	30万円	0円
7,000万円	160万円	113万円	80万円	50万円
8,000万円	235万円	175万円	138万円	100万円
9,000万円	310万円	240万円	200万円	163万円
1億円	385万円	315万円	262万円	225万円
1.5億円	920万円	747万円	665万円	587万円

＊法定相続分どおりに遺産分割した場合で配偶者の税額軽減を適用したときの相続税額の目安

なることが挙げられます。しかし、子どもや孫への贈与が年間110万円では十分な援助ができないこともあります。急に大きな援助が必要なときもあるでしょう。

このような場合には、まとまったお金を、贈与税がかからず贈与することができるのは魅力的です。上図を見ると、相続財産が1億円以下の場合には、相続税の負担はそこまで大きくありません。急にまとまった額が必要になった際には、相続時精算課税制度は検討する価値があります。

156ページで紹介したとおり、Bさんのように「収益不動産を保有している人」「子どもや孫への事業承継を考えている中小企業オーナー」も検討の価値があります。なお、不動産を子供に受け継ぐ際には、相続時精算課税制度だけでなく死因贈与（164ページ）も検討してください。

事例
10-3

子どもにマイホーム資金を贈与したいなら？

住宅取得資金等の贈与

孫の誕生を機に、子どもに贈与を検討しているCさん

嫁いだ娘にもう少しで子どもが生まれるCさん。孫の誕生祝いに生前対策を兼ねて贈与を考えています。

税金面で有利になる贈与の仕方はないでしょうか。

マイホーム資金の贈与には特例がある

通常、親から子どもや孫への贈与は暦年贈与か相続時精算課税制度かどちらかになりますが、贈与の目的によっては、いくつか税金が軽減される制度が用意されています。そのひとつが**「住宅取得資金等の贈与」**です。**マイホーム購入に資金を援助する際、最大2500万円まで贈与税が非課税になります。**Cさんの娘さんがマイホーム取得を希望しているならおすすめです。

この特例は家屋の新築や取得だけでなく、増改築等でもかまいません。

適用するためには、主に次の要件を満たす必要があります。

住宅取得資金等の贈与の非課税限度額

◉家屋の額に含まれる消費税等の税率が10%である場合

住宅用家屋の新築等にかかる契約の締結日	省エネ等住宅	左記以外の住宅
平成31年4月1日～令和2年3月31日	3,000万円	2,500万円
令和2年4月1日～令和3年3月31日	1,500万円	1,000万円
令和3年4月1日～令和3年12月31日	1,200万円	700万円

◉上記以外の場合

住宅用家屋の新築等にかかる契約の締結日	省エネ等住宅	左記以外の住宅
～平成27年12月31日	1,500万円	1,000万円
平成28年1月1日～令和2年3月31日	1,200万円	700万円
令和2年4月1日～令和3年3月31日	1,000万円	500万円
令和3年4月1日～令和3年12月31日	800万円	300万円

- 父母や祖父母といった直系尊属からの贈与である
- 贈与を受ける人が20歳以上である
- 贈与を受けた人の合計所得金額（所得税）が2000万円以下
- 平成26年までの贈与税の申告で「住宅取得等資金の非課税」の適用を受けていない
- 配偶者や親族など一定の特別の関係がある人から取得した家屋ではない
- 贈与を受けた年の翌年3月15日までにその家屋に居住すること、または同日後遅滞なくその家屋に居住することが確実
- 床面積が50㎡以上240㎡以下で、2分の1以上が贈与を受けた人の居住に使われる
- 新築または中古は築20年以内（耐火建築物の場合は25年以内）

事例

10-4

娘・息子の子育てを応援したいなら？

教育資金の一括贈与

孫の私立中学進学を支援したいDさん

Dさんの孫は、有名私立中学に進学したいと受験勉強をがんばっています。将来は留学も視野に入れているそうですが、「私立の学校に通わせ、さらに留学となると……」と、親であるDさんの娘さんは金銭面での心配を口にしていました。

祖父母などからの教育資金の一括贈与

令和3年3月31日までに祖父母など直系尊属から教育資金を贈与された場合、1500万円まで贈与税が非課税となる特例があります。「お金を教育に使いたい人」「財産に余裕があって相続対策を考えている人」におすすめの制度です。主に次の要件を満たす必要があります。

- 贈与を受ける人が30歳未満である
- 贈与を受けた人が金融機関で「教育資金口座」を開設し、資金を管理する

教育資金の一括贈与のしくみ

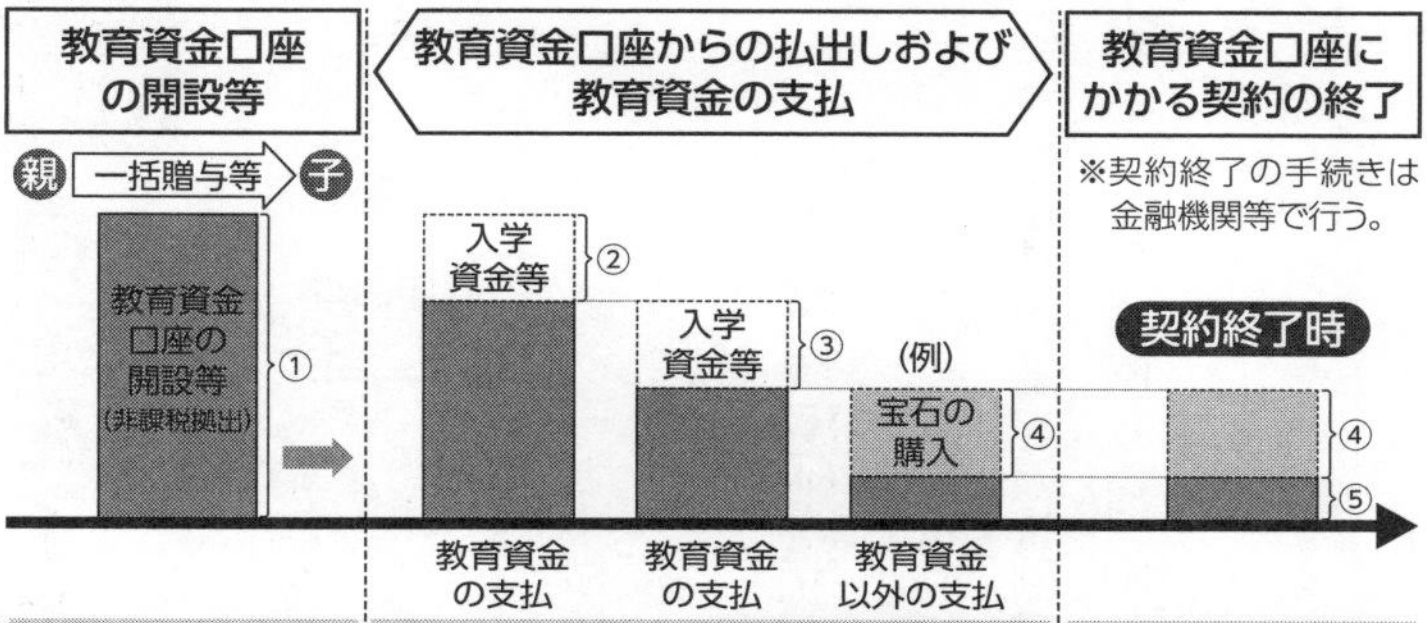

制度内容	1,500万円まで非課税	教育資金口座からの払出し、教育資金の支払等	贈与者が死亡した場合には、原則として、管理残額を贈与者から**相続等により取得したとみなされる**	非課税拠出額ー教育資金支出額〔(①−②−③)=(④+⑤)〕について贈与があったとみなされる
主な手続き	金融機関等での手続き（税務署での手続不要）	金融機関等での手続き	税務署での手続き	税務署での手続き
	教育資金非課税申告書の提出	領収書等の提出等	**相続税の申告書**の提出	**贈与税の申告書**の提出

・資金の引き出し時には教育費の領収書を金融機関に提出する

贈与者が扶養している子どもや孫のみならず、贈与者と別生計の子どもや孫への教育資金でも認められますが、不測の事態で現金が必要なときでも原則として教育費以外に使うことはできないことに注意が必要です。使途は教育資金に限定されていますが、学費はもちろん、スイミングスクールなどの習い事などでも使うことができます。**学校以外の、習い事関係であれば500万円までが非課税です。**

ただし、教育資金管理契約の終了前に贈与者が死亡した場合、「贈与を受ける子どもや孫が23歳未満」「学校等に在学中」「教育訓練給付金支給対象の教育訓練を受講中」の場合をのぞき、死亡前3年以内に行われた贈与にかかる管理残額が相続等により取得したものとみなされて相続税の対象となります。

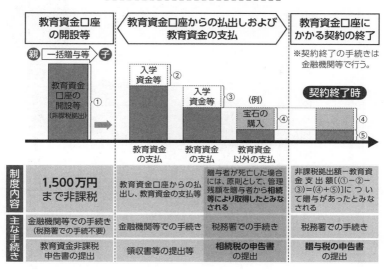

事例

10-5

自宅を子どもに贈与したいなら？

死因贈与

相続時精算課税制度で自宅を子どもに贈与したいEさん

Eさんは自宅を子どもに贈与するため、相続時精算課税制度の利用を考えています。「どうせ死んだ後に子どものものになるのだから」と考えているようですが、デメリットも気になります。

小規模宅地等の特例が使えなくなる

相続時精算課税制度のデメリットはいくつかありますが（156ページ）、気になるのが小規模宅地等の特例です。

生前贈与は、贈与してから3年以内に死亡した場合、その不動産が相続税の対象になってしまいます。さらにその**死亡前3年以内の不動産の贈与の場合、小規模宅地等の特例（110ページ）が使えなくなる**というデメリットがあります。

そのため、相続時精算課税制度を利用する場合には、十分な検討が必要になるわけです。

Eさんの場合、「どうせ死んだ後には子どものものになるのだから」と考えたのが生前贈与の検討のきっかけで、特に贈与を急ぐ事情があるわけではなさそうです。

このような場合には、死因贈与（196ページ）を利用する方法もあります。

生前贈与をした宅地が相続税の対象になっても小規模宅地等の特例を適用できませんが、死因贈与は相続税法上「遺贈」と同じ取り扱いとなり、小規模宅地等の特例が適用できるからです。税負担がぐっと軽くなります。

死因贈与とは贈与する人が死亡したときに効力が発生するもので贈与する人とされる人が契約することで成立します。生前に対策しておくという点では同じですが、贈与のタイミングによって税制の取り扱いが大きく変わりますので、あわせて検討してみるとよいでしょう。

贈与と相続のトータルで節税できるかどうかを考えて、対策をすることが大切だと言えます。

11 生命保険が贈与にあたることもある

契約形態によって税金が変わる

相続税を抑える生前対策としてよく活用される生命保険（124ページ）ですが、**契約形態によって課税される税金が違ってくることに注意が必要です。**

そもそも、たとえば父が加入し、父が保険料を支払っていた生命保険の死亡保険金を子どもなどが受け取った際に「みなし相続財産」と扱われるのは、死亡保険金の原資が親から出た保険料であると考えられるからです。父の財産を、父の死去によって引き継いだと言えます。

では、父を被保険者とし、保険金受取人が子どもという生命保険の保険料を母が支払っていたらどうでしょうか。父の死去によって子どもに死亡保険金が支払われますが、その原資は存命中の母です。

このような場合、**母から子どもへの贈与とみなされ、贈与税の課税対象となります。**

契約パターンによって課税される税金が変わる

◉契約形態の例とかかる税金

税金	契約の形態	契約者（保険料負担者）	被保険者	保険金受取人	生命保険の課税価格
相続税	契約者と被保険者が同じで保険金受取人が相続人	 父	 父	 母・子ども（相続人）	保険金額－（非課税枠500万円×法定相続人の数）
相続税	契約者と被保険者が同じで、保険金受取人が相続人ではない	 父	 父	 兄弟など相続人でない人	保険金額（非課税枠なし）
贈与税	契約者、被保険者、保険金受取人がそれぞれ違う	 母	 父	 子ども（相続人）	保険金額－基礎控除額110万円
所得税（一時所得）・住民税	契約者と保険金受取人が同じ	 母	 父	 母	（保険金額－支払った保険料－50万円）× $\frac{1}{2}$

贈与税がかかる場合

生命保険金に贈与税がかかるのは、契約者、被保険者、保険金受取人がすべて異なる場合です。では、夫を被保険者にした生命保険の保険料を妻が支払っていたとしましょう。死亡保険金2000万円は、息子（20歳以上）2人が1000万円ずつ受け取っています。

相続時精算課税制度は適用せず、同じ年に贈与がなかった場合、次のように計算されます（税率は149ページ）。

[保険金1000万円－110万円（基礎控除額）＝課税価格890万円]
[課税価格890万円×税率30％－控除額90万円＝納税額177万円]

意外と高く感じるのではないでしょうか。実は、**生命保険金に贈与税がかかる保険契約は、税金の面でデメリットが大きい**ため、あまりおすすめできません。

もし、同じ保険で夫自身が保険料を支払っていたら、贈与税ではなく相続税の対象になりますが、相続税で生命保険金を受け取る場合、非課税枠があります（124ページ）。生命保険金の相続税の非課税限度額は、［500万円×法定相続人の数］です。

この非課税限度額が差し引かれた課税価格に税率をかけて納税額を求めるため、納税額が抑えられるわけです。

また、相続税の税率が30％以上になるのは法定相続分が５０００万円を超えてからに対して（59ページ）、贈与税の税率が30％以上になるのは基礎控除後の課税価格が６００万円（20歳以上の場合）を超えてから（１４９ページ）と、**贈与税は税率が高く設定されています。**

そのため、贈与で保険金を受け取った場合、思いもよらない税金がかかることがあります。

相続対策で生命保険を活用する際には、生命保険金にどのような税金がかかるかを考慮したうえで、契約の形態を決めるようにしましょう。

事例
11-1

父の死後に受け取った公的年金は誰のもの？

未収の
公的年金

父の公的年金で未収分があったAさん

父の死後に厚生年金が振り込まれたAさん。長年、父・母と同居しており、家族の生活費は両親の年金とAさんの収入でまかなっていました。離れて暮らす妹もいます。

この場合、振り込まれた年金は母、Aさん、妹のうち、誰のものになるのでしょうか。

また、相続税の対象となるのでしょうか。

未収年金は遺族のものとなる

国民年金や厚生年金など公的年金は、受給者が死亡した月の分まで年金を受け取ることができます。ところが、**公的年金は偶数月の15日に前月分と前々月の分がまとめて支給されるしくみになっているため、翌月以降に未収年金が発生する**わけです。

この公的年金の未収分は、受け取った遺族のものです。

公的年金の趣旨は、受給者とその家族の生活を保障するもの。死亡した人の口座に振り込ま

公的年金は未収分が出る

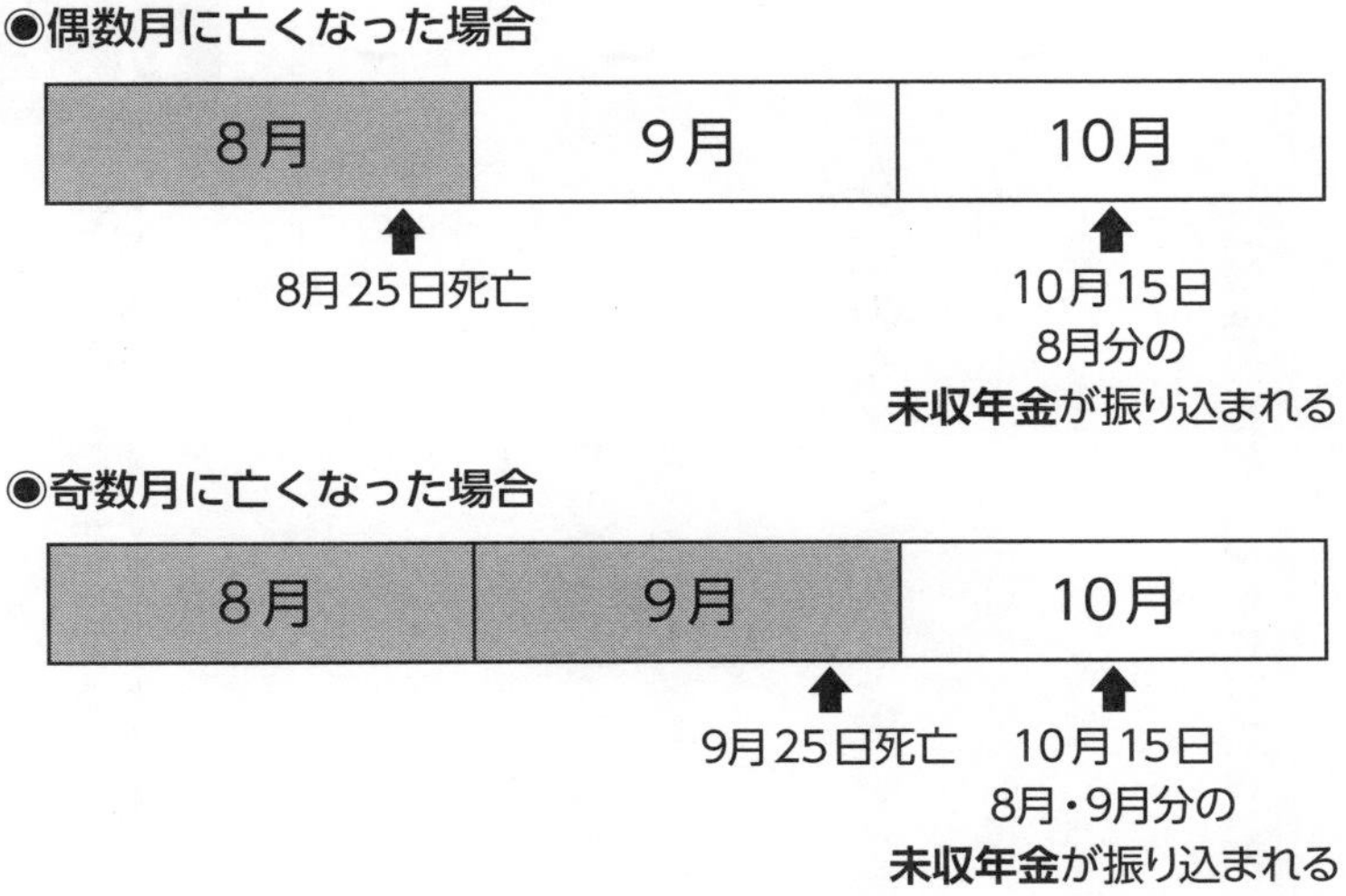

れるため相続の対象となるように思われますが、そのお金は**生前の受給者とその家族の生活費ですから、相続の対象にはなりません。**相続税の課税対象にもなりませんので、未収分を相続財産に足す必要もないわけです。

Aさんの場合、同居していて生計を一にしていました。このことから、母とAさんの生活費として使う権利があると考えられますから、妹に理解を求めましょう。

なお、公的年金はその受給者が死亡したら、遺族が役所でその旨を届け出てその後の支給を停止する必要があります。手続きを忘れ、死亡の翌月分以降の年金を受け取った場合、返還を求められますので、すみやかに手続きしましょう。

事例
11-2

夫の死後に受け取った個人年金はどうなる？

未収の
個人年金

個人年金に加入していた夫を持つBさん

Bさんの夫は、老後の生活費が公的年金だけでは心もとないと個人年金に加入していましたが、保険料を支払っていたのはBさんの夫の母でした。しかし夫は定年退職を目の前にして病に倒れ、そのまま帰らぬ人になってしまいました。

法定相続人はBさんだけです。個人年金はどのような扱いになるのでしょうか。

死亡のタイミングで扱いが異なる

個人年金は、老後に生存を前提として、公的年金を補填する目的で加入する私的年金です。「65歳のときに」など一時金として、また「75歳まで毎年いくら」など定期金として支払われるタイプのものがあり、契約によって異なります。

保険金の受取人が年金開始前に亡くなると未収分が発生しますが、この未収分は遺族に支払われることになります。この際の税金の取り扱いは、死亡のタイミングで扱いが異なるので注意が必要です。

・年金受取開始前に死亡した場合

在職中など、年金受取開始前に亡くなった場合、払込済みの保険料に相当する「死亡給付金」が遺族に支払われます。この場合、**「みなし相続財産」として相続税の課税対象となります。生命保険の非課税限度額［500万円×法定相続人の数］の適用があります**（124ページ）。

・年金支払開始後に死亡した場合

確定年金や保証期間付き年金など、死亡後にも一定の年金額が保証される契約であれば、遺族に年金が支払われます。この場合、保険の権利を相続したと考えられますから、**「定期金に関する権利」として相続税の課税対象となります。死亡退職金非課税枠［500万円×法定相続人の数］の適用はできません。**

なお、定期金に関する権利の価額は、①解約返戻金の額、②一時金として受け取るときの金額、③将来もらえる年金から将来の金利にあたる部分を引いて現在の価値に直した金額のいずれか多い額で評価されます。

ただし、Bさんの場合は保険料を支払っていたのが夫の母です。このように、**保険料を第三者が負担していた場合、未収年金は贈与税の対象**になりますので注意が必要です。

12 資産の組み換えで評価額を下げる

組み換えで死後の無用ないさかいを避ける

生前にできる相続対策として忘れてはいけないのが、資産の組み換えです。

たとえば、法定相続人が複数いて資産が自宅不動産しかない場合、資産を分けづらいという問題が発生します。その不動産を引き継ぐ相続人は、それ以外の相続人の取り分を自分のお金から払う必要が出てくるなど、争いの元になりやすいのです。

その他、複数のアパート・マンション経営をしていた場合、物件によって収益性に差が出てきますから、相続人同士で不公平感を持ちやすくなってしまいます。

ただし、**これらは生前に対策することで予防することができる争いで、その予防策の一つが「資産の組み換え」です。**

前述の「資産が自宅不動産しかない」場合、生前に自宅を売却して現金に替え、そのお金で老人ホームなどに入居する方法もあるでしょう。お金が残っても、現金なら相続人同士で分けやすくなります。複数のアパート・マンション経営の場合は、同じような資産価値の不動産に組み換えて、不公平感を予防する方法もあります。

このように、生前対策は死後の家族のいさかいを防ぐ目的もあるわけです。

契約形態によって税金が変わる

もちろん、**相続税対策としても資産の組み換えは有効です**。というのも、資産によって評価の方法が異なるからです（82ページ）。**より評価が低くなる資産に組み換えれば、相続税の負担を軽くすることができます。**

たとえば、特に使っていない広い土地があるなら、アパート・マンションなど賃貸住宅を建てる方法があります。

この方法は、賃貸住宅だと小規模宅地等の特例（１１０ページ）が適用できるという点で節税に有効です。貸付事業用宅地等の場合、２００㎡まで50％を差し引いて評価されることになります。土地は、更地より貸家建付地のほうが評価が下がります。

さらに、通常、建物は建築費用から割り引かれて評価されるうえ、賃貸住宅は自己使用の70

%程度の評価になるという利点もあります。借り主にも借り主の権利があるため、この権利を差し引いて評価するためです。

これらは、**遺産の実質的な価値を変えず、相続税評価額だけを下げられる方法**と言えます。たとえば、現金1億円は相続税の計算時に1億円と評価されますが、1億円で建てた家はたとえば約6000万円に、賃貸物件は4200万円になります。

そこまで大きな対策は必要ない場合、ワンルームマンション経営という方法もあります。利便性のよい場所にある賃貸用ワンルームマンションを購入すると、相続税評価額はたとえば時価の3分の1程度になります。これは、建物を一棟持つよりも、土地を所有している権利が少なくなるためです。

ワンルームマンションを複数持っていると、相続人が分けやすいというメリットもあります。収益性の低い物件だとリスクがありますが、利便性の高い物件を選べば有効な方法です。

自宅敷地の一部をアパートなどにして評価を下げる方法もあります。

賃貸経営のリスクを避けるなら、**郊外にある広い自宅を売却し、都心に引っ越す**方法もあります。これも、小規模宅地の特例を生かした節税策です。自宅でも、330㎡まで80%評価を下げることができますので、路線価が高い土地ほど節税効果が大きいと言えます。

賃貸アパート新築による節税効果

現金	自宅利用	第三者が利用

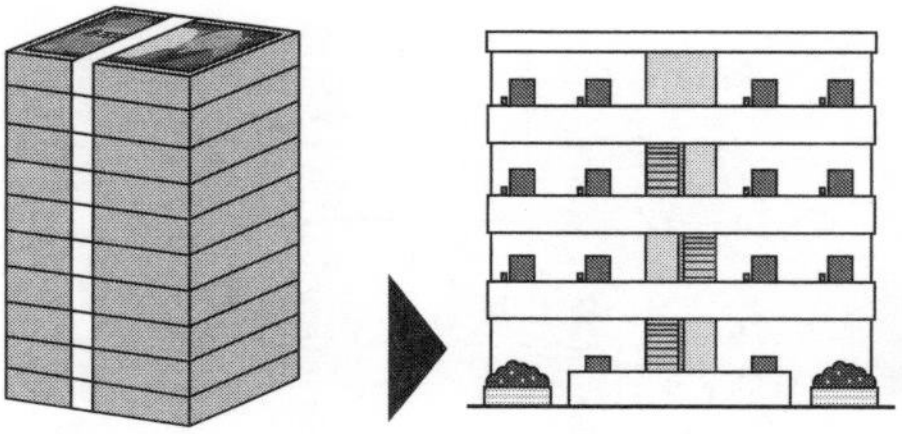

相続税評価額	相続税評価額	相続税評価額
1億円	**6,000万円**	**4,200万円**
	＊新築アパートの相続税評価額は建築費用のたとえば60％程度	＊賃貸物件の評価額は自己使用家屋の70％程度

相続税評価額は相続税に直接影響を与えます。特に賃貸経営の場合、取引形態をしっかり確認して適切な方法をとる必要がありますが、一般的には更地よりも賃貸経営に乗り出すほうが節税になるケースが多いと言えるでしょう。

その他、生命保険に加入して現金を減らすことも、資産の組み換えの一種です。**不動産や生命保険は投資額も大きくなりますが、その分、節税効果も大きくなります。**投資額と節税効果の両面に、遺族の良好な関係を保つという点も加えて、最適な方法を選ぶようにしましょう。

事例
12-1

自宅はあるけれど生活費が不安なら？

リバース
モーゲージ

自宅を売却したくないAさん

Aさんは妻に先立たれ、一人暮らしをしていました。子どもたちは独立していて、それぞれ十分な収入を得ているため、「相続のことは考えず、お金は生きている間に全部使い切っていいよ」と言ってくれています。

しかし実はAさんは貯蓄が少なく、使い切るどころか老後の生活資金が心配です。持ち家である自宅はありますが、妻との思い出の自宅は売却したくありません。

自宅を担保にお金を借りる

自宅を売却したくないけれど、生活費が心配なAさんにおすすめなのは、リバースモーゲージです。**リバースモーゲージは自宅を担保にお金を借りることができるローン商品で、死亡したときに自宅を売却して返済に充てられます。**

一般的に、高齢者がお金を必要とするときは、自宅を売却することが多いのですが、この方法だと新しい住まいを探す必要があります。この点、リバースモーゲージなら生きている間は引き続き自宅に住み続けることができるのがメリットです。

ただし、**基本的に自宅を相続させることはできないため、子どもなどの相続人がすでに持ち家を持っているなど、資産を残す必要がないケースで検討する価値がある**と言えます。

リバースモーゲージで得た資金は、基本的に用途が限られているわけではありません。たとえば住宅ローンの一括返済、介護施設への入居費用など、自由に使うことができます。

もちろん、リバースモーゲージで得た資金を生前贈与し、相続財産を減らす方法をとることもできます。小規模宅地等の特例（１１０ページ）を適用できず、評価額を下げられない場合にも有効な節税手法です。この点、リバースモーゲージは資産の組み換えの一種であると言えるでしょう。

ただし、不動産価値の下落や金利の上昇などで担保割れのリスクが発生する可能性もありますので注意が必要です。また、推定相続人（相続人になる可能性の高い人）の同意が必要だったり、そもそも不動産（特に土地）に担保価値がなければ利用できないこともあります。

リバースモーゲージは民間金融機関で販売していますが、使途が限られていたり、しくみや契約内容が違っているものもあるので、吟味して選択しましょう。

第4章

トラブルを防ぐために
やっておきたい
相続対策

13 スムーズな遺産分割協議

相続人全員で行う必要がある

相続税の申告書は相続開始日の翌日から10ヶ月を経過する日が提出期限です。ただし、相続放棄をする場合は死亡を知った日から3ヶ月以内ですから、それまでは遺産分割協議のメンバーは確定できません。

注意が必要なのは、**遺産分割協議は原則として相続人全員で行わなければならない**ことです。相続人の誰かを外して、一部の相続人だけで話をまとめたりすると、遺産分割協議をやり直す必要があります。

そのため、四十九日や百ヶ日の法要などで遺産分割協議を行うことも多いようです。葬儀の当日は分割協議どころではないけれど、四十九日や百ヶ日なら多少落ち着いているし、相続人全員が集まりやすく、協議しやすいという事情からでしょう。もちろんそれより早く協議を行ってはいけないということではありません。相続人全員が集まりやすい、なるべく早い日を選んで遺産分割協議を行うようにします。

進め方のポイント

遺産分割協議を終えた後で、新たな相続人がいたことが判明することもあります（202ページ）。この場合は遺産分割協議をやり直すことになりますので、**協議の前には被相続人の出生から死亡までのすべての戸籍謄本を取り寄せて、相続人も範囲を確認する**ことが大切です。本籍を転々としている場合は取り寄せに時間がかかることもあるので、早めに取り寄せて手続きを行ってください。

遺産分割協議の際には、すべての財産を把握する必要があります。どんな財産が、いくらあるのかわからなければ、協議ができないからです。

まずは財産目録を作成して、すべての相続人に公開することが大切です。相続税の申告を税理士に依頼する場合、この時点で契約をするとよいでしょう。財産の把握と評価も行ってくれます。

遺産分割協議書の作成方法

遺産分割が決まったら、その内容を「遺産分割協議書」という書面にします。書き方に決まりはなく、手書きでもパソコンでもかまいません。ただし、「遺産分割協議書」は不動産登記や金融機関の名義変更などで必要になりますので、財産が特定できるための詳細な記載が必要です。

代償分割（相続人は子ども2人、遺産が3000万円の自宅のみで、子①が自宅を相続する代わりに、子②に自分の資産から1000万円支払うなどの分割方法）や相続人に未成年・障害者などがいるなど、特別な事情がない場合の遺産分割協議書の例は186ページです。

作成上のポイントは次のとおりです。

◉不動産は登記簿謄本の記載事項と同じにする

不動産については、登記簿謄本（履歴事項証明書）に記載されている事項と一言一句同じにします。不動産の相続登記の際に遺産分割協議書が必要なので、記載事項が違っていると認められないケースがあるからです。

近くの法務局で登記簿謄本を取得し、住所や地番、地積（㎡）、床面積など正しく記載しましょう。

◉預貯金や株式は口座を特定できるよう明確に

相続財産に預貯金や株式がある場合、金融機関名は当然ですが、支店名、普通預金か定期預金か、また口座番号も明確に書く必要があります。複数口座を持っていたり、同じ銀行で口座が複数ある場合など、間違いなく特定するためです。

◉退職金や生命保険金は遺産分割協議書に記載しない

退職金や生命保険金は、あらかじめ契約等によって取得する人が定められており、遺産分割協議の対象ではありませんので、記載する必要がありません。

◉遺産分割協議書は自筆で署名し、実印で押印する

遺産分割に相続人が同意していることを証明するために、相続人全員が自筆で署名し、実印（印鑑登録されたもの）を押印します。印鑑証明書も必要です。自筆での署名は必須ではありませんが、提出先によっては自筆を求められますので、自筆がベターです。

また、遺産分割協議書が２枚以上になるなら、製本をし、割り印も押します。

遺産分割協議書の記載例（２枚目）

３．相続人　相続 一郎は、下記４を除き被相続人の債務を全てを継承する

４．相続人　相続 花子は被相続人名義の次の債務を継承する

金銭消費賃貸借契約
金 500,000 円
債権者　　〇〇ファイナンス株式会社

（後日判明した財産）
５．本協議書に記載なき遺産及び後日判明した遺産は、相続人全員が
その財産について再度協議を行うこととする

上記協議の成立を証するため、署名押印したこの協議書を２通作成し、各自１通保有する。

令和〇〇年〇月〇日

住所　　　東京都中央区日本橋１丁目１番１号
相続人　　相続 一郎　（実印）

住所　　　東京都中央区日本橋５丁目５番２号
相続人　　相続 花子　　（実印）

割印

割印

遺産分割協議書の記載例（１枚目）

遺産分割協議書

被相続人
相続 隆（令和〇年〇月〇日　死亡）
最後の住所　　　東京都中央区３丁目 4-7
最後の本籍　　　東京都中央区３丁目 4-7
登記簿上の住所　東京都中央区３丁目 4-7

上記被相続人の遺産について、次のとおり遺産分割協議を行った。

令和〇年〇月〇日、東京都中央区３丁目 4-7　相続 隆の死亡により開始した相続の共同相続人である相続 一郎、　相続 花子　２名は、その相続財産について、次の通り分割を協議し、決定した。

１．　相続人　相続 一郎は、次の不動産を取得する

土地
所 在　　東京都中央区３丁目
地 番　　４番７号
地 目　　宅地
地 積　　140.29 ㎡

建物
所 在　　　東京都中央区３丁目４番７号
家屋番号　　４番７号
種 類　　　居宅
構 造　　　鉄骨造スレート葺
床面積　　　１階 50.68 ㎡　　２階 42.21 ㎡

２．相続人　相続 花子は下記の財産を取得する

東京銀行東京支店の被相続人名義の預金
普通預金　口座番号 01234567　のすべて

事例

13-1

遺産分割協議に相続人が集まれないなら？

海外在住の相続人

海外で暮らす兄弟がいるAさん

父が亡くなったAさんには、海外で暮らす兄弟がいます。事情があり、しばらく帰国できず、相続税の申告までに間に合いそうもありません。遺産分割協議に相続人全員が集まれない場合は、どうすればいいのでしょうか。

電話や手紙など他の手段で遺産分割協議を行う

遺産分割協議は相続人全員で行うのが原則ですが、重要なのは全員が協議の内容に同意しているかどうかです。

なかには、体調が悪くて協議に参加することがむずかしい人、介護などの事情があり外出がむずかしい人などもいるでしょう。そのため、**電話や書面などで協議を行って協議の内容に全員が納得すればよい**ということになります。

この場合、遺産分割協議の押印も、郵送などで順番に回していくなどの方法で対応します。

Aさんもこの方法で遺産分割協議を行えばよいのですが、問題となるのは実印です。日本に住民票や印鑑証明書を残していれば、手間はかかるものの郵送でのやり取りが可能でしょう。しかし**住所を海外に移している場合、印鑑証明書がない**ということになります。

そのため、海外の主流であるサイン証明（署名証明）を受ける必要があります。

サイン証明を受けるためには、前もって作成した遺産分割協議書を持参し、滞在国の大使館や総領事館に出向く必要があります。担当官の前で遺産分割協議書に署名し、在外公館が発行する証明書に担当官に割り印をしてもらいましょう。

その他、相続人の住民票の代わりに在留証明も必要となります。在留証明は在外公館で申請するので、サイン証明の発行と同時にできますが、発行までに日数がかかることもありますので注意しましょう。

郵送で遺産分割協議書をやり取りする手間と時間はもちろんですが、サイン証明や在留証明を受けるのも手間と時間がかかります。早めに準備を始めるのが肝心です。

事例
13-2

相続人に認知症の人または未成年者がいるなら？

成年後見人・特別代理人

認知症の母を持つBさん

Bさんの父の死去で相続が発生しました。Bさんは母が認知症を発症したのをきっかけに家族を連れて実家に戻り、同居しています。同居当初は母親の症状も軽いものでしたが、最近は家族の誰かが見守っていないと心配なほどまでになってきました。相続人はほかに妹もいますが、遺産分割協議をどう行えばよいのでしょうか。

成年後見人を立てるのが一般的

相続人の中に判断能力が低下している、またはまったくない人がいる場合、本人に代わって本人の利益のために財産の管理や契約に関することを執り行う代理人を立てます。

この**後見制度には「成年後見人」「保佐人」「補助人」の3種類あり、それぞれ判断能力の程度によって権限の範囲が定められています。**判断能力がまったくない場合が成年後見人、著しく不十分なら保佐人、不十分程度なら補助人です。

後見制度

	成年後見人	保佐人	補助人
対象になる人	判断能力が欠けているのが通常の状態	判断能力が著しく不十分な状態	判断能力が不十分な状態
代理権の範囲	財産に関するすべての法律行為	家庭裁判所の審判で定める範囲	家庭裁判所の審判で定める範囲
取消が可能な範囲	日常生活に関する行為以外の行為	家庭裁判所の審判で定める範囲	家庭裁判所の審判で定める範囲

家庭裁判所に申し立てを行って、審判を受けることで決まります。

Bさんの母親の判断能力が「見守っていないと不安」ということは、日常の買い物程度ならできるのかもしれません。そのため保佐人もしくは補助人がつく可能性があります。

なお、**相続人に未成年者がいる場合も代理人を立てて分割協議を行います**。通常、代理人は親がなりますが、親も相続人の場合には第三者でなければなりませんので、特別代理人を立てて行います。親と子の利益が相反するからです。

特別代理人は親類・知人などでかまいませんが、家庭裁判所に申し立てて受理される必要があります。

また、親の成年後見人が子どもなど、**認知症の人と成年後見人がともに相続人の場合も特別代理人が必要です。**

事例
13-3

連絡が取れない相続人がいるなら？

失踪宣告

行方不明の母を持つCさん

Cさんには、小学生の頃に家を出ていったままの母がいます。幼かったCさんはくわしい事情を知らされませんでしたが、それ以降、父一人子一人で暮らしてきたCさんは、父の死去をきっかけに両親が離婚していなかったことを知りました。

しかし、相続人である母に連絡を取るすべがなく、またその生死もわかりません。

連絡できないと相続手続きができない

遺産分割協議は相続人全員で行う必要があるため、相続人の中に連絡が取れない人がいると、手続きをすすめることができません。この場合、**相手の戸籍を手に入れて、現住所を確認する**必要があります。戸籍の附票には現住所が記載されているため、この住所を手がかりに手紙や訪問などで連絡を取ります。

Cさんも、まずは父の戸籍を取り寄せることから始めるとよいでしょう。

ただし、附票に記載した現住所に本当に住んでいるとは限らず、こうなると連絡をとる手立てを探すことがむずかしくなります。とはいっても、相続税は相続の開始の翌日から10ヶ月以内に申告しなければならないため、**手続きをすすめるために「不在者財産管理人」を立てて遺産分割協議を行います。**

不在者財産管理人は家庭裁判所の許可を得て遺産分割協議に加わり、不在者が「現れるまで」「失踪宣告されるまで」「死亡が確認されるまで」財産を管理します。

行方不明者が災害などで生存の可能性が低い場合には、家庭裁判所に「失踪宣告」を申し立てます。また、行方不明になって7年間生死が明らかでない場合にも、失踪宣告が認められます。失踪宣告は法律上、死亡と推定されますので、相続権はその人の子どもなどに移りますが、Cさんの場合はCさんがその対象となりますので、相続人はCさん一人として手続きできます。

もし失踪宣告された人があとになって現れた場合には失踪を取り消す手続きが必要ですが、遺産分割は取り消されません。ただし、遺産が残っていれば現れた人に財産を返還しなければならないので注意が必要です。

なお、相続人の中に行方不明者がいる場合にも、被相続人が遺言書を残していれば、遺言書どおりに遺産分割が行われますので相続人の同意は必要ありません。

事例
13-4

分割協議中に相続人が亡くなったら？

再転相続

両親を相次いで亡くしたDさん

Dさんの母親はもともと体が丈夫ではありませんでしたが、父が亡くなったことで気を落としたのか、2ケ月ほどで後を追うように亡くなってしまいました。

父が亡くなってから急激に母の体調が悪くなったため、その看病に追われて父の遺産分割協議もできていません。また、2人の財産状況もわかっておらず、途方にくれています。相続人はDさんのほかに弟がいます。

再転相続の場合の遺産分割協議

Dさんのように、家族が相次いで亡くなることは珍しくありません。高齢の夫婦が増えている現状から、今後増えていくと想定されます。

Dさんのケースを例にとると、**父が亡くなった1回目の相続のことを「第1相続」、母が亡くなった2回目の相続のことを「第2相続」といいます。第1相続で遺産分割協議が終わらな**

再転相続と相続放棄の期限

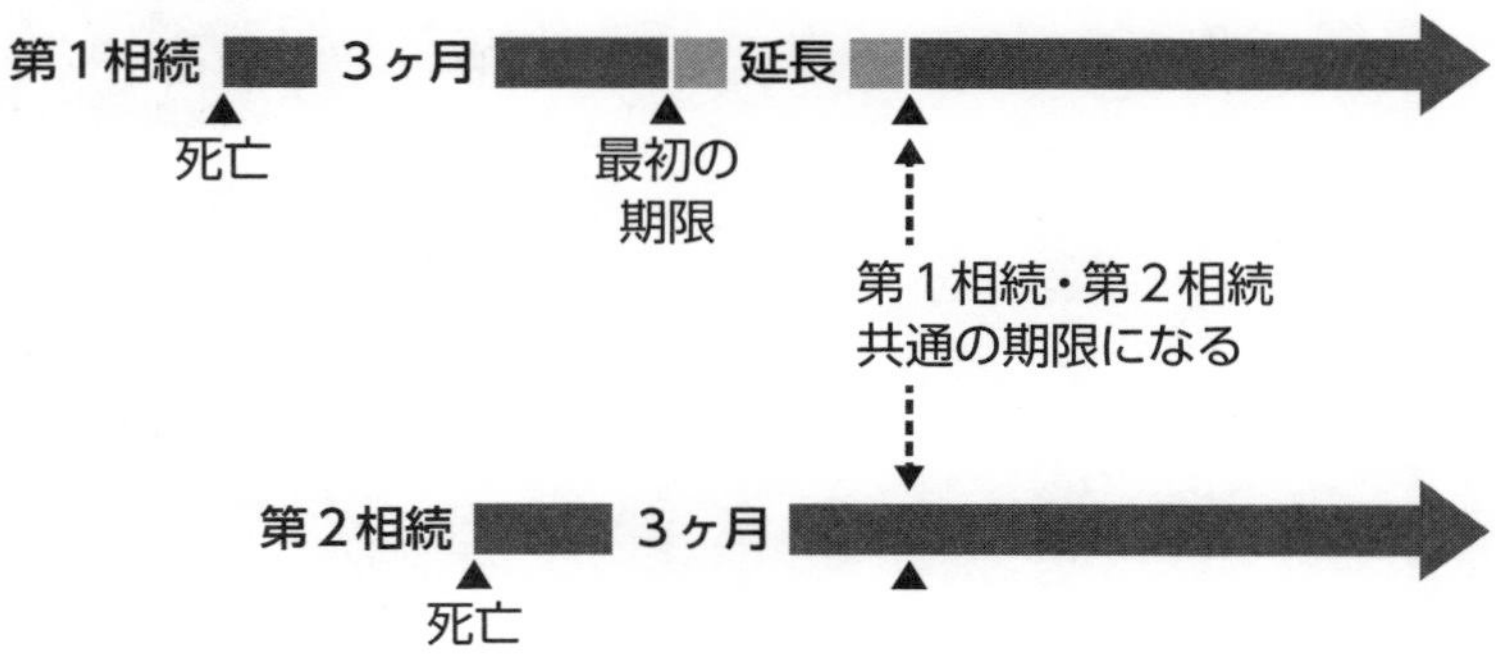

いままに死亡し、第2相続が発生することを「再転相続」といいます。

再転相続は相続が相次いで発生するため、遺産の状況を把握するのがむずかしくなることがあります。たとえば相続人に借金があったため相続放棄をしたい場合、3ヶ月以内が期限です。Dさんの場合、約2ヶ月後に母親が亡くなっているため、第1相続の相続放棄をする場合は1ヶ月しかないことになってしまいます。そのため、**再転相続の場合は相続の放棄手続き期限を「第2期限と同じ日」**とされています。

遺産分割協議書は、原則として第1相続と第2相続でそれぞれ作成します。ただし、**第2相続で亡くなった人をのぞいて第1相続と第2相続の相続人が同じ場合は遺産分割協議書をまとめて1通にすることも可能です。**Dさんの場合、相続人は亡くなった母親をのぞいて、Dさんと弟だけなので、1通にまとめることができます。

事例
13-5

遺言書に相続人以外に遺産を継がせると残されていたら？

遺留分
侵害額請求

父の死後に愛人が現れたEさん

Eさんは2人兄弟の長男です。兄弟ともに両親が暮らす実家から車で1時間以内のところに暮らしていて、頻繁に行き来する仲の良い家族でした。相続が起きても、何の問題もないと、誰もが考えていたそうです。

ところがそれが一変する事態が起きてしまいました。父の死後、父の愛人だったという女性が現れ、さらに資産をすべて愛人に譲るという遺言が残されていたのです。

遺言か死因贈与契約で愛人に財産が渡る

愛人は法定相続人ではないので遺産の相続権はありませんが、次のようなケースでは故人の財産が渡ることになります。

- 遺言に遺産を継がせると書かれている

・愛人と死因贈与契約を結んでいる

もちろん、正当な手段であったとしても、家族としては納得いくものではありません。特にEさんの場合、遺言には資産のすべてと書かれています。母が長年暮らしてきた自宅まで愛人の手に渡ってしまうと、その後の生活が成り立たなくなるおそれもあるわけです。

このような場合、遺言の無効を裁判所に訴えることを検討しましょう。公序良俗に反することと、または形式の不備が認められれば、遺言が無効となる可能性があります。弁護士に相談して対策をとってください。

遺留分侵害額請求で2分の1は取り戻せる

「遺留分侵害額請求」という方法もあります。民法では、一定の範囲の相続人に対して、最低限受け取れる遺産の割合が定められていて、これを「遺留分」といいます。

遺留分が認められる人（遺留分権利者）が受け取る遺産が遺留分に満たない場合、もしくはまったく受け取れなかった場合は、遺産を受け取った人に支払いを求めることができるのが「遺留分侵害額請求」です。Eさん一家のように、今後の生活が保障されなくなるような事態を避けるための手段と言えます。

ただし、遺留分侵害額請求は、家族の生活保障という目的がありますから、**遺留分権利者は法定相続人より狭い範囲でしか認められません。**

- 被相続人の配偶者
- 被相続人の子（またはその代襲相続人）
- （被相続人に子がいない場合）被相続人の父母、祖父母など直系尊属

法定相続人が被相続人の兄弟姉妹である場合には、遺留分権利者とはならないので、注意が必要です。

また、**遺留分として認められるのは、遺留分権利者全体で遺産の2分の1（相続人が直系尊属の場合は3分の1）までです。**その**2分の1の遺留分を、遺留分権利者で法定相続分どおりに分ける**ことになります。

遺産が全部で6000万円だとすると、Eさん一家（母・Eさん・弟）が遺留分侵害額請求で受け取れるのは3000万円。法定相続分どおりに分けると、母が1500万円（遺留分の2分の1、全体の4分の1）、Eさんと弟がそれぞれ750万円（遺留分の4分の1、全体の8分の1）になります。

配偶者と子ども２人の遺留分

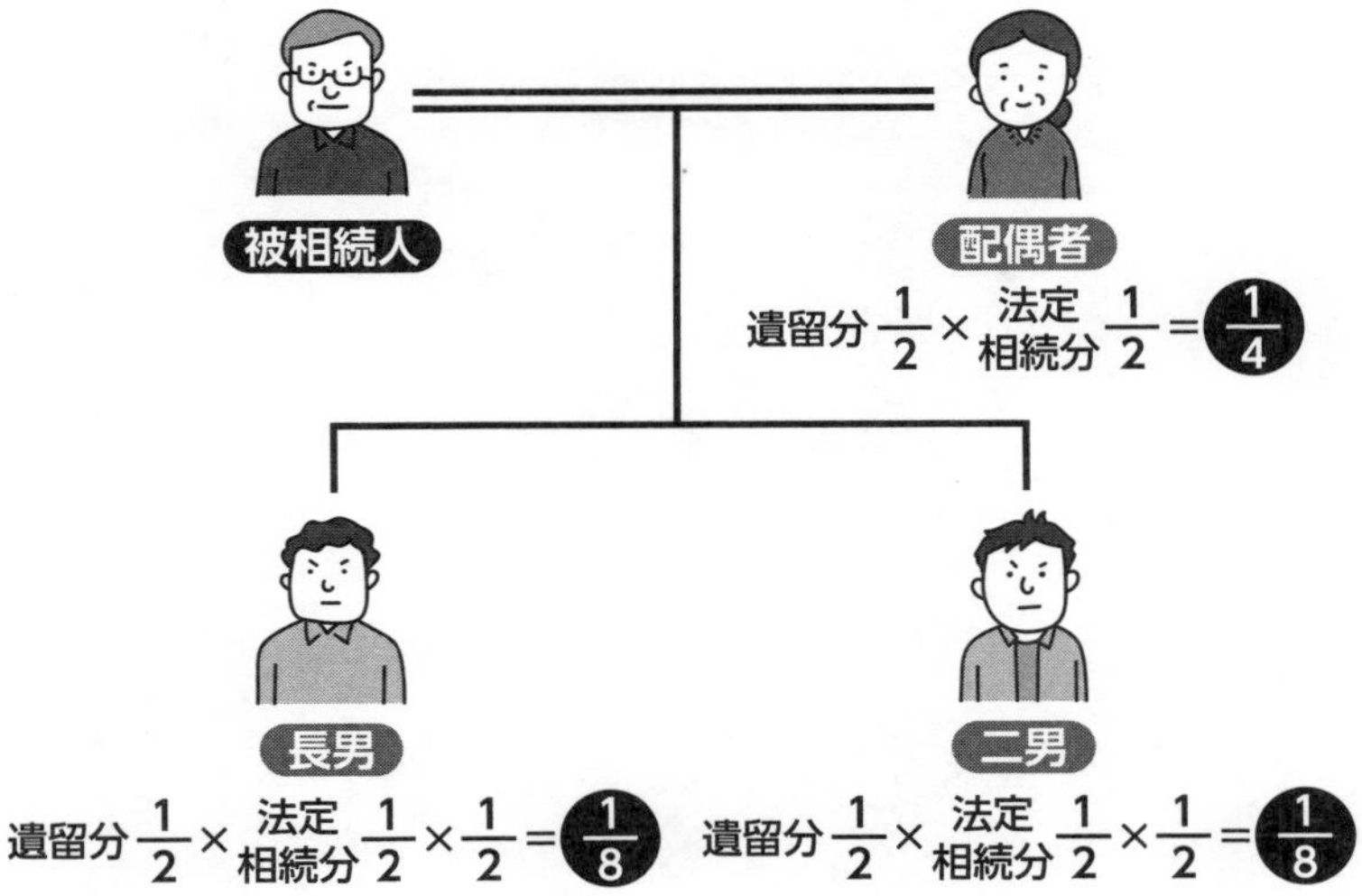

注意が必要なのは、**遺留分侵害額請求で引き継いだ遺産は、遺留分権利者のうちの１人が放棄しても、他の遺留分権利者の額が増えるわけではない**ことです。遺留分侵害額請求の権利を放棄することはできますが、相続放棄した場合の法定相続分の考え方とは異なっています。

Ｅさんと弟が遺留分を放棄し、一家の遺留分３０００万円をすべて母親に引き継いでほしいと考えても、それはできないわけです。兄弟が放棄したところで、母が引き継げるのは１５００万円となります。

Ｅさんのケースで母の生活を支えるなら、兄弟が７５０万円ずつを引き継いだうえで、毎年１１０万円の贈与を続けるなどで援助していくほうがよいと言えます。

事例
13-6

特別に経済的援助を受けていた兄弟がいるなら？

特別受益

親に迷惑かけどおしだった弟を持つFさん

Fさんは妹と弟がいる長男です。父が亡くなって相続が発生しましたが、Fさんと妹は法定相続分どおりに遺産を分けることに納得がいきません。

弟は子どもの頃から奔放な性格で、父の生前、「留学する」「起業する」「離婚で慰謝料を払わなければ」などと、親から経済的援助を受ける機会が多かったからです。

遺産の前渡し分を考慮して公平に分ける

相続人が故人の生前、特別に経済的利益を受けていた場合には、遺産相続で特別受益を考慮する必要があります。つまり、生前に贈与や死因贈与を受けた場合には、その分を遺産相続で調整し、相続人が公平に遺産を分配できるようにするわけです。

特別受益の対象となるのは、「住宅購入資金の援助」「被相続人の土地・建物の無償使用」「開

業資金の援助」「留学費用の援助」「婚姻や養子縁組の支度金・持参金」などです。

ただし、これらが必ず特別受益となるわけではなく、**特定の相続人だけが遺産の前渡しを受けていたかどうかが基準**となります。たとえば子どもは全員留学しているので留学費用の援助は特別受益とはならない、など個別の事情も勘案されます。

また、お小遣いや生活費の援助などは、遺産の前渡しではなく被相続人が自分の意思でお金を使っただけと考えられるため、特別受益にはなりません。さらに特別受益の計算方法等、明確な基準がない部分もあります。

このように、**特別受益は兄弟間の遺産トラブルに発展しやすい問題をはらんでいる**と言えるでしょう。

トラブルが予想される場合には、あらかじめ被相続人が遺言書を作成しておくのがよいのですが、Fさんの場合にはすでに不満を抱えている状態ですから、話し合いに努めるしかないでしょう。協議で結論が出なければ、弁護士に相談するか、家庭裁判所で調停を申し立てることになります。

事例
13-7

隠し子がいる場合には？

婚外子

妻子が知らない隠し子がいるGさん

Gさんは妻と子どもが1人いる男性ですが、実は結婚前の恋人の間に生まれた子どもが1人いて、認知もしています。妻はそのことを知ったうえで結婚し、隠し子への養育費も支払ってきましたが、子どもには伝えていません。

自分の死後、相続がどうなるのか不安です。

認知していれば同等の権利がある

法律上の夫婦の間に生まれた子ども（嫡出子）には当然、相続の権利がありますが、結婚しない男女の間に生まれた子ども（婚外子）にも、嫡出子と同様に相続の権利が生まれます。ポイントは「認知しているかどうか」です。**認知していれば法定相続人となり、嫡出子と同じ法定相続分が認められます。**

Gさんの場合はすでに隠し子を認知しているので、婚外子も相続することができますが、トラブルが起きやすい状況と言えるでしょう。相続人が増えると嫡出子の取り分が減ってしまうからです。婚外子がいなければ嫡出子は遺産の2分の1を受け取れますが、婚外子がいると4分の1になってしまいます。

そのため、あらかじめ嫡出子に事情を説明し、遺言で遺産分割の割合を指定するなど、トラブルを起こさない対策が必要です。

被相続人の死亡後に隠し子が見つかったら?

親が亡くなった後、戸籍謄本などで隠し子の存在を知った場合には、必ずその旨を連絡し、遺産分割協議を行います。面識がない場合などは特に複雑な心情になってしまいますが、婚外子を抜きにして遺産分割協議を行っても協議は無効になってしまいます。

当然ながら、嫡出子の立場から相続放棄を強要することはできません。婚外子にも同じ相続人としての権利があります。

14

遺言書で意思を伝える

遺言書は法的効力を持つ

大げさな表現ではなく、相続トラブルのほとんどは遺言書を残すことで予防することができます。

多くの人はそのことを知っていますが、それでも実際に遺言書を書く人は少なく、日本公証人連合会の遺言公正証書は約11万件となっています（平成30年）。年々、増えてはいますが、同年の死亡者数が１３６万人を超えていることを考えると、非常に少ないと言えるでしょう。

自分の死後のことを考えるのはおっくうに感じるかもしれません。しかし、**遺言書は故人の意思で相続の方法や割合を指定する法的な効力を持ちます。**

「なるべく早く」「遺言書を作成する」ことで家族間のトラブルを避け、相続を円滑に進められます。ぜひとも遺言書で自分の意思を伝えるようにしましょう。

ただし、遺言書には注意点があります。

「遺書」と呼ばれることがありますが、遺書は生前の思いをつづった手紙で、法的な効力はありません。一方、遺言書には法的な効力があります。つまり、**遺言書は法的な効力を持たせるために、一定の要件を満たす必要があるのです。**正しい書き方でないと、無効になったり、かえってトラブルを招きかねません。

遺言書で指定できることと指定できないことは以下のとおりです。

◉遺言書で指定できること

- 財産に関する事項……相続分・遺産分割方法の指定、遺贈、生命保険金受取人の変更、特別受益の持ち戻しの免除など
- 身分に関する事項……子の認知、未成年後見人・未成年後見監督人の指定、相続人の廃除・廃除の取消しなど
- 遺言執行者の指定

◉遺言書で指定できないこと

- 遺留分侵害額請求の禁止
- 結婚・離婚、養子縁組・離縁など、認知以外の身分行為

遺言書があるほうが良いケース

遺言書はすべての人におすすめしたいのですが、次のような人ケースは特に書いたほうがよいと言えます。

- 子どもがいない夫婦の場合
- 相続人になる人がいない場合
- 離婚歴があり、前妻（前夫）の子どもがいる場合
- 息子の妻や孫などに遺産を継がせたい場合
- 内縁の妻など親族以外の人に遺産を継がせたい場合
- 特定の相続人に多く遺産を継がせたい場合
- 相続人同士が不仲の場合

遺言書は法的な効力を持つため、自分の意思に基づいて財産を引き継がせることができますが、遺留分（52ページ）を無視した遺言書はトラブルを招きかねません。また、相続税の負担にも配慮が必要です。特例の要件を外れるなどすると税金の負担が大きくなりますので、税制についても確認しておきましょう。

遺言書の代表的な形式は2つ

遺言書には形式がいくつかあり、大きく「普通方式」と「特別方式」があります。特別方式は病気や事故などで緊急の場合、また航海中の船舶など遠隔地にいる場合に選択する方式です。ここではもっともポピュラーな「普通方式」の「自筆証書遺言」と「公正証書遺言」について紹介しましょう。

◉自筆証書遺言

自筆、つまり手書きで作成する遺言書です。証人も必要ないため、手軽に作成できる方法ですが、**全文を手書きで書く必要があります**（財産目録のみパソコンでの作成が可能、20ページ）。ただし、紛失や改ざんのおそれがあるのは否めません。また、遺言書を家族に見つけてもらえない可能性もあります。これらのデメリットを防ぐためには、遺言書を法務局で保管してもらうとよいでしょう（22ページ）。

また、民法で定められた形式を満たさなければ遺言が無効となる可能性があるため、この点にも注意が必要でしょう。

◉公正証書遺言

公正証書遺言は、**公証人という専門家のアドバイスを受けながら作成する遺言**のことです。法的に不備のない遺言が作成できるのは大きなメリットです。公証役場で保管されるため、紛失や改ざんのおそれもありません。

ただし、証人を2名立てなければならない、公証人に支払う手数料が必要などのデメリットもあります。手数料は遺産の額によって異なり、5000万円以上1億円以下で4万3000円となっています。

自筆証書遺言が無効になるケース

公正証書遺言は公証人からアドバイスをもらえますが、自筆証書遺言は自分ひとりで作成できるため、法的要件が充足できず、無効になってしまう可能性があります。次のような遺言書は認められませんので、注意してください。

- 自筆ではないもの（全文をパソコンで作成した遺言書やレコーダーで録音したものは無効）
- 日付があいまいなもの（令和○年○月○日という形式で書く）
- 押印がないもの

自筆証書遺言の記載例

遺言書

遺言者　あさ太郎は、次のとおり遺言する。

タイトルおよび書き出しに「遺言」であることを明記

第１条　遺言者は、遺言者の所有する以下の不動産を、遺言者の長男あさ一郎（昭和54年４月９日生）に相続させる。

記

①　所　　在　東京都中央区日本橋室町３丁目
　　地　　番　４番８
　　地　　目　宅地
　　地　　積　86.17㎡

②　所　　在　東京都世田谷区１
　　家屋番号　10番２
　　構　　造　木造瓦葺二階建
　　床 面 積　１階55.81㎡　２階50.81㎡

不動産は登記簿謄本の記載どおりに

第２条　遺言者は、遺言者の所有する下記の預貯金の元金及び利息金を、遺言者の長女あさ花子（昭和58年８月２日生）に相続させる

記

①　ゆうちょ銀行　通常貯金　記号1235　番号785145
②　関東銀行　南支店　普通預金　口座番号84567217

預貯金や証券会社も金融機関名および口座番号まで記載

第３条　遺言者は前２条記載の財産を除く遺言者の有するその他の財産全部を、遺言者の長男あさ一郎に相続させる

第４条　遺言者は、祖先の祭祀を主宰すべき者として、遺言者の長女、あさ花子を指定する

第５条　遺言者は、この遺言の執行者として、次の者を指定する

東京都港区芝浦２－４－５
行政書士
遺言執行者　相続守

遺言執行者を定めておくと相続後の手続きが円滑

作成した年月日、住所、氏名を記載

令和２年２月23日
東京都中央区日本橋室町３丁目
あさ太郎 ㊞

印鑑は認印でも有効だが、万全を期すために実印が望ましい

全文、自筆で書く（財産一覧はパソコン作成可）

・署名がないもの
・2人以上の共同遺言（夫婦でも各1通ずつ作成する）
・認知症など判断能力がない場合（公正証書遺言でも無効となる可能性がある）

公正証書遺言にすれば法的な不備のない遺言書を作成することができ、また保存もしてもらえるので安心ですが、費用がかかることに負担を感じる人もいるかもしれません。

その点、自筆証書のほうが気軽に取り組めるので、「大きな財産はないけれど」という人などにおすすめです。この場合には、インターネットや書籍などで調べる、遺言書のキットを利用するなどして法的不備のない遺言書を作成することが大切になります。なお、自筆証書遺言に添付する財産目録については、パソコンで作成することも可能です（20ページ）。

自筆証書で気になる保管については、次で紹介する遺言書保管制度を利用するとよいでしょう。

法務局で自筆証書遺言を保管できる

自筆証書遺言は紛失や改ざんのおそれがありますが、**令和2年7月10日から遺言書を法務局に預ける遺言書保管制度が始まりました。**

遺言書保管制度は、生前に遺言書の保管を法務局に申請すると、原本を保管するほか、画像データ化されるというものです。紛失や改ざんの心配がない点がメリットです。遺言書を法務局に保管していることを相続人に伝えておけば、死去後に相続人が遺言書の保管の有無に関する証明書の交付が受けられ、遺言書の写しの交付を受けられます。画像データや原本を閲覧することもできます。

利用には手数料がかかりますが、全国３００ヶ所以上で実施されるため、比較的、気軽に安全な保管ができます。また、検認も必要でなくなるため、相続人の負担も軽減されます。

◉検認とは

遺言書の検認とは、相続人に対して遺言書の存在とその内容を知らせて、遺言書の内容を明確にして偽造や変造を防ぐための手続きです。自筆証書遺言が自宅などで見つかった場合に必要になります。

遺言書を見つけた際には、勝手に開封してはいけないとされています。偽造や変造を疑われるからです。遺言書を発見すると、家庭裁判所に申し立てて検認してもらいます。あらかじめ相続人全員に検認をする旨の通知がありますので、その日に遺言書を持参して開封し、検認済証明書を受け取ります。相続の手続きには、検認済証明書がある遺言書が必要です。

事例

14-1

前妻との実子と、再婚相手の連れ子がいるなら？

連れ子

再婚相手にも財産を残したいAさん

Aさんには離婚した前妻との間に実子が1人いますが、前妻は離婚後に地元に戻ってしまいましたので距離が遠く、頻繁な行き来はむずかしかったようです。離婚して数年後に再婚しますが、再婚相手にも離婚歴があり、連れ子がいました。連れ子とは20年以上親子として暮らし、現在は病院通いにつきあってもらうなど世話になっているため、実子、連れ子のどちらにも平等に財産を受け継がせたいと考えています。

生前に対策しておけば連れ子も財産を引き継げる

基本的に、再婚相手の連れ子には相続権がありません。何も対策しない場合、Aさんの財産は再婚相手の現妻と、前妻の間に生まれた実子で2分の1ずつを分けることになります。

再婚相手の連れ子にも財産を引き継がせたい場合には、生前の対策が必要です。次の3つの対策が考えられます。

・連れ子と養子縁組する

連れ子と養子縁組を結ぶと、実子と同様に相続人にすることができます（142ページ）。この場合の法定相続分は、再婚相手の現妻が2分の1、実子と連れ子が4分の1ずつになります。相続人が増えるため、節税効果もあります。

・遺言で連れ子に遺産を引き継ぐ

遺言で連れ子にどの遺産をどれだけ残すかを指定することができます。この場合、再婚相手の現妻と実子への配慮が必要です。特に現妻と実子の遺留分を超える財産を連れ子に残すと、トラブルになりやすいため注意しましょう。

・連れ子に生前贈与する

贈与税がかかりますが、生前贈与で財産を引き継がせることもできます。贈与税は相続税に比べると高額になるので注意が必要です。

その他、連れ子が被相続人の介護をしていた場合には特別寄与料（56ページ）の支払いができますが、これは特別寄与を請求する人が相続人に対して求めるものです。

事例
14-2

遺言書の偽造が疑われるなら？

遺言書無効確認の訴え

認知症の父の遺言書が見つかったBさん

Bさんの父が亡くなった後、自室で遺言書が見つかりました。ただ、Bさんはその遺言書を怪しんでいます。というのも、父から遺言書の存在を聞いたことがなく、そのうえ10年ほど認知症を患っており、遺言書を作成する判断能力がなかったと思われるからです。

偽造の立証はむずかしいこともある

自筆証書遺言は、書いた本人が亡くなっているため、本当に本人が書いたものであるかどうか、立証がむずかしい面もあります。遺言書の偽造が疑われ、無効とするためにはまず家庭裁判所で家事調停を申し立て、さらに解決できなければ「**遺言無効確認の訴え**」を起こします。

本当に本人が遺言書を書いたかどうかは、筆跡鑑定の専門家に鑑定を依頼します。筆跡は年齢はもちろん、その日の体調や使用した筆記具などによっても変わるものです。素人の目で正しく見分けることはできません。そのため、それまで本人が書いたとされる手紙などの筆跡と遺言書の筆跡を専門家が鑑定する必要があるわけです。

仮に遺言書の偽造や変造が認められると、それを企てた人は民法と刑法の両方からペナルティを受けます。

民法では、遺言書を偽造した人、またださしたり脅したりして遺言を書かせた人は相続欠格となり、相続人ではなくなります。刑法では、私文書偽造罪・変造罪として罪に問われます。

なお、このようなトラブルを避けるためには、自筆証書遺言なら法務局に保管しておくことです。公正証書遺言であれば、法的に不備のない遺言書を作成することができますので、なお安心でしょう。手間と費用は多少かかりますが確実な方法です。

15 信託で財産を残す

高齢になった親の生活と財産を守る「家族信託」

認知症を患う人が増えていたり、高齢者が高額の詐欺被害に遭ったりと、高齢化社会の進行にともなってさまざまな問題が出てきました。自分の親の生活と財産を心配する子世代も多いでしょう。

このような親の生活と財産が心配という場合に、「家族信託」を設定することで生活と財産を守ることができます。

たとえば父の財産管理を長男が行う場合、父が**委託者（財産を受託者に引き渡して受託者に信託財産の管理・処分の指示をする人）**かつ**受益者（財産の利益を受ける人）**、長男が**受託者（委託者から財産を引き受け、信託財産を管理・処分する人）**という家族信託を設定することで、父親の財産管理を行う法的な権限を父親から長男に移すことができます。

この方法では、父が子どもに現金を信託し、子どもがその現金を管理します。その現金を定

家族信託のしくみ

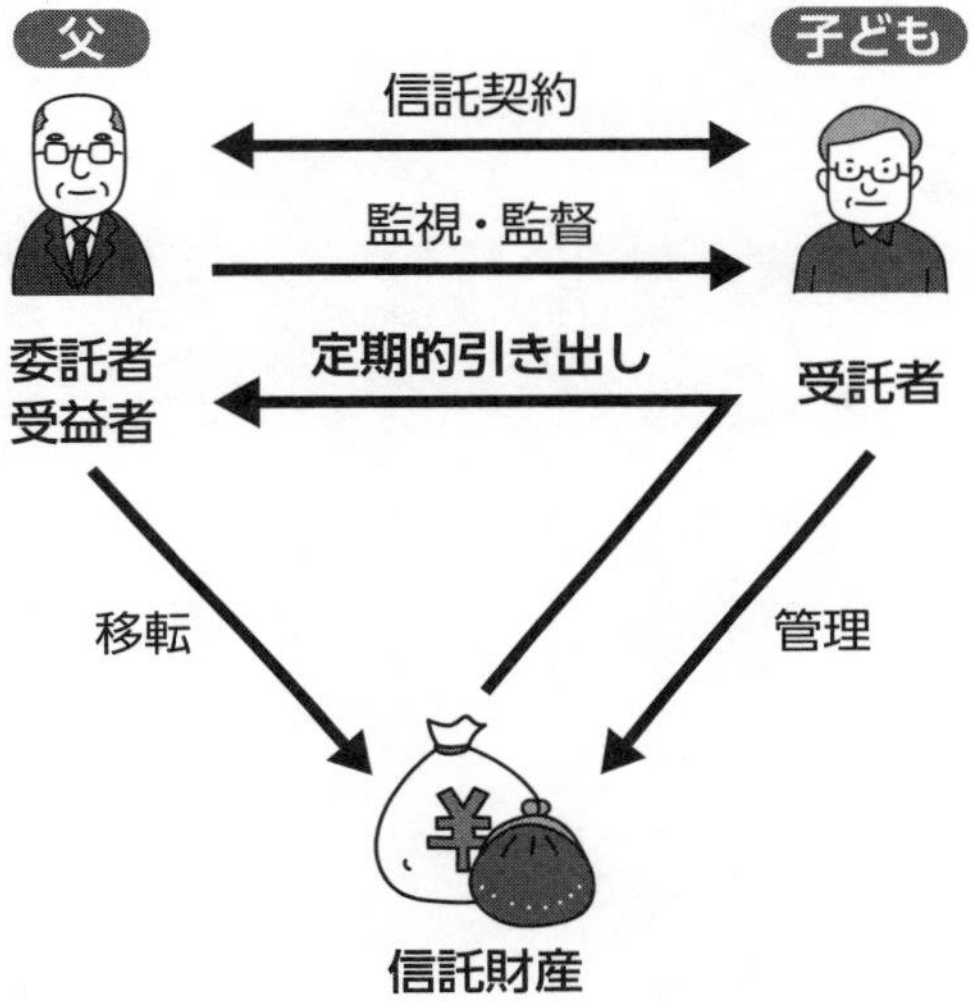

期的に父に渡し、父はその現金を生活にあてる、というわけです。

これなら、贈与税がかからずに親の財産管理を行うことができるうえ、父の手許にある現金が限られているため、高額の詐欺被害も防げるでしょう。また、契約を変更することで、そのときの状況に応じた信託のカスタマイズもできます。

認知症等で意思能力に不安がある高齢者の財産管理を行う制度には成年後見制度もありますが、財産が比較的少額で、成年後見制度を使うほどではないケース、手続きを簡単にすませたいケースなら家族信託が向いているかもしれません。

「遺言代用信託」という方法もある

最近は、信託銀行などが取り扱う商品「遺言代用信託」を、遺言書の代わりに利用する人も増えてきました。

遺言代用信託とは、委託者が生存中に自らを受益者とする信託契約を締結して、死亡した後に信託の受益権（委託者の財産の利益を受ける権利）を承継させる制度です。死亡後も受託者が財産を管理するため、細かい規定をすることができます。

たとえば長男に障害があり、一括で現金を相続されるのが不安な場合、「月々10万円ずつ払う」という設定をすることができたり、使用目的に制限を設けることもできます。ほかにも、「30歳になった時点で現金を使えるように」「学費や孫の教育費に使うように」などの利用が考えられるでしょう。

特徴的なのは、自分の死後のことだけでなく、孫の代まで遺産分配を定められるなど、先々の相続についても指定できることです。「後継ぎ遺贈型の受益者連続信託」といいます。

たとえば、「自分の死亡後に現金1億円を月々30万円ずつ長男に」と指定しておき、さらに「長男が死亡したら残りは国に寄附」なども可能です。

そのため、「遺産は現妻と元妻の間の実子で2分の1にしてほしいが、現妻との間に子どもがいないため、現妻が死亡すると遺産が現妻の兄弟姉妹になってしまう」などの場合で、「妻の死後、財産を自分の元妻の子どもへ」などと指定できます。

遺言代用信託の際には、期間の制限に注意しましょう。信託契約から30年を経過した後は、1回しか受益権を承継できないとされています。信託法上は受益権の指定を先々まで指定できますが、期間制限のことを考えると3回までの設計とするのが一般的です。

また、遺留分についても注意する必要があります。法定相続人には遺留分がありますので、分配によってはトラブルになりやすい部分です。

このように、遺言代用信託の制度は広まってはいるものの、いくつか注意点もあります。また、取り扱っている金融機関によって商品の内容が異なっていたり、トラブルになった場合の判断や対処策など、裁判例も少ないことから現時点では不明なところも多かったりと、利用の際には十分な検討が必要です。

事例 15-1

先祖代々の土地を売却してほしくないなら？

家族信託

土地を孫の代まで受け継いでほしいAさん

Aさんは、先祖代々受け継いできた土地で暮らしており、その土地・家屋を子孫に受け継いでほしいと考えています。しかし子どもは県外に住んでいて、相続時にすぐ処分してしまうのではないかと心配です。

財産承継のしくみをつくる

遺言書は遺産の配分など相続内容を指定できますが、その財産をどう活用するかについて、しばることはできません。遺言書に「付言事項」として「売却しないでほしい」とお願いすることはできますが、法的な効力はないからです。

また、子どもがAさんの気持ちをくんで土地・家屋を受け継いだとしても、孫の代に受け継がれるとは限らないでしょう。Aさんの遺言では、Aさんの子どもが死亡したときの相続内容までは指定することもできません。

家族信託を利用するAさん

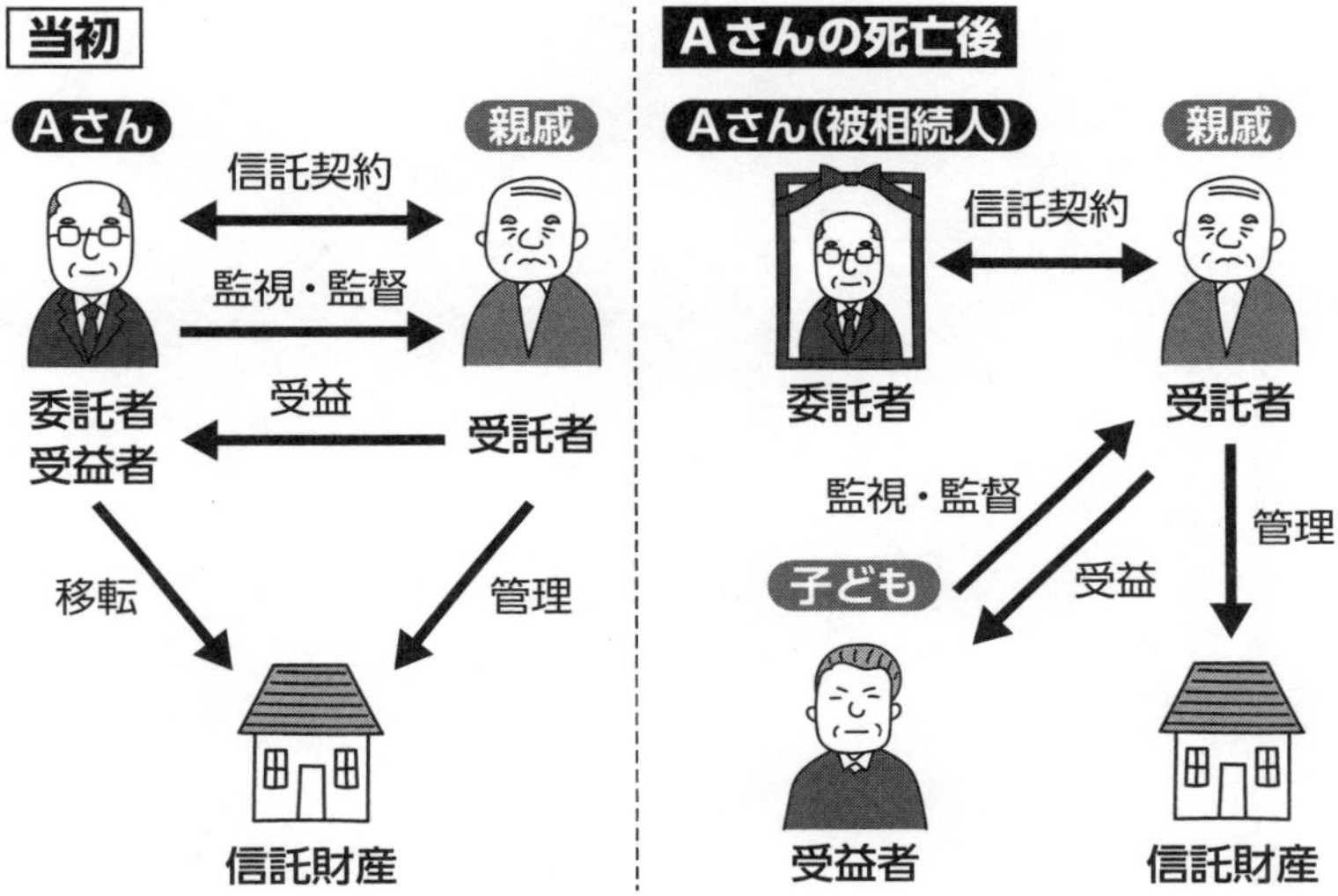

このような場合、家族信託を活用して、先々の代まで財産を承継するしくみをつくることができます。

土地・家屋を信託財産とし、まずAさんを委託者と受益者に、親戚を受託者にします。そのうえでAさんが死亡したときの受益者を子どもに変更する旨を定めておきます。そうすると、子どもは信託財産を利用することができますが、売却する権限がある受託者は親戚に移っており、子どもの意思で売却することができないわけです。

さらに子どもが死亡したときは、受益者を孫に変更することを定めることもできます。

共同監修者
紹介

円満相続を応援する
税理士の会

菅野《かんの》　聖人《まさと》

税理士・行政書士・相続診断士・相続名義変更アドバイザー・1級FP技能士・民事信託コンサルタント

当事務所は相続を専門分野の一つとしています。各士業と連携し、相続を争族にさせないための生前対策、遺産分割対策、遺言書作成支援、認知症リスク対策としての任意後見契約及び民事信託（家族信託）助言サービス、相続発生時の相続税申告及び相続手続サービス、その後の2次相続対策などをワンストップでサポートしております。

税理士法人MBL　相続支援センター

【税理士法人MBL　岩見沢　本社】TEL：0126-23-8311　FAX：0126-31-4186
〒068-0025　北海道岩見沢市5条西3丁目2-10　5条プラザビル2F
URL　http://www.mk-cg.com/
【税理士法人MBL　札幌オフィス】TEL：011-222-9220　FAX：011-398-7699
〒060-0002　北海道札幌市中央区北2条西2丁目34　フージャース札幌ビル2F

和田《わだ》　伸一《しんいち》

税理士

茨城県の県北を中心に活動しております。少子高齢化の進むなか、地方創生はどうしたら良いかを常に考えております。
相続は親からのプレゼント。生かすも生かさないも相続人次第。
残された家族が今後どうあるべきか、どのようにそのプレゼントを分ければ皆が幸せになるかをサポートしていきたいと思います。

和田税務会計事務所

〒313-0016　茨城県常陸太田市金井町2886番3　町田ビルS-2
TEL：0294-87-7788　FAX：0294-87-7789
E-mail：wayday0828@tkcnf.or.jp

田中《たなか》　久夫《ひさお》

税理士・高崎経済大学大学院教授・経営学博士

相続税対策にめっぽう強い会計事務所との評判を得て創業55年。その間、地元の皆様に愛されて着実に成長を遂げてきました。相続税対策には長い時間が必要です。お客様は、対策の完成を見届けるために、自分より若い専門家に依頼することが最初の対策です。当社の若いスタッフにお任せください。

さくらジャパン税理士法人

〒370-0073　群馬県高崎市緑町1-11-7
TEL：027-364-3500　FAX：027-364-3501
E-mail：top@sakura-japan.or.jp　URL：https://sakura-jpn.jp/

長島《ながしま》　良亮《よしあき》

公認会計士・税理士・行政書士

相続は、相続手続・遺産分割・財産の名義書換・相続税の申告などいろいろな問題が発生します。これを解決するには相続の専門家のコーディネーション能力が求められます。当事務所は、問題解決を経営理念にしており、50年以上相続税の申告を数多く行ってきた経験からより最適な解答を導くことが出来ます。

さいたま税理士法人

〒330-0061　埼玉県さいたま市浦和区常盤4-16-2
TEL：048-835-3000　FAX：048-826-0610
E-mail：info@saitamatax.jp　URL：http://www.saitamatax.com/

浅野《あさの》　亮太郎《りょうたろう》

税理士・公認会計士・行政書士

皆様の相続に関する悩み解決のために奔走しております。
円満な相続と節税のための事前の対策と相続税申告を行います。
早めに対策に着手するほど効果が期待できます。
無料相談を実施しておりますのでお気軽におこしください。
ご連絡お待ちしております。

浅野亮太郎税理士・公認会計士・行政書士事務所

〒270-0014　千葉県松戸市小金17-8光新ビル3階A
TEL：047-711-8593　FAX：047-711-8594
E-mail：info-asano@myzeikin.net　URL：http://myzeikin.net/

今村《いまむら》　正《まさし》

代表社員　税理士

私は税理士登録後、「医療月刊誌のQ＆A500問を超える執筆を生かした医科・歯科の診療所及び医療法人の税務」「公益財団法人・公益社団法人の税務会計」及び「18年間の専門学校及び大学での相続税法・所得税法の講義の実績を基に所得税・相続税・贈与税の税務相談・申告」等の業務を中心に41年間蓄積をしたノウハウの提供ができればと思っています。

税理士法人 千代田タックスパートナーズ

〒101-0047　東京都千代田区内神田1丁目14番5号NK内神田ビル3階
TEL：03-3233-1988　FAX：03-3233-3880
E-mail：ma033475@chiyodatax.jp

初見《はつみ》　達郎《たつろう》

税理士・特定社会保険労務士

1.昭和36年3月　立正大学経済学部経済学科卒業
2.昭和43年12月　税理士試験合格
3.昭和44年3月　税理士登録、即、初見税務会計事務所として開業する。
　多くの関与先及び納税者の申告や税務指導に携わる。
4.昭和49年4月　行政書士を登録、即、開業
5.昭和58年1月　社会保険労務士登録、即、開業

昨今では、相続案件に特化して、色々と相談・指導しています。お気軽に御連絡下さい。

初見税務会計事務所

〒108-0074　東京都港区高輪2丁目1番11-115号
TEL：03-3440-1251　FAX：03-3449-1279
E-mail：t.hatsumi3@tkcnf.or.jp　URL：https://hatsumi3.tkcnf.com

高橋《たかはし》　千亜紀《ちあき》

税理士・終活ライフケアプランナー

相続は事前の対策が大事です。何も準備していなければ急な相続に慌てて争続になることもあります。知る知らないで大違いの相続です。終活ライフケアプランナーとして生前からの円滑な財産整理についてアドバイスする勉強会・相談会も多数行っております。まずは相続のプロにご相談ください。

高橋千亜紀税理士事務所

〒113-0033　東京都文京区本郷5-33-8 D501号
TEL：03-3868-0582　FAX：03-5539-4762
E-mail：info@zeirishi-chiaki.com　URL：http://zeirishi-chiaki.com/

岡田《おかだ》　大作《だいさく》

税理士

昭和40年鹿児島県生まれ。九州大学経済学部卒業。東京国税局及び管内税務署に25年間勤務。退職後、岡田大作税理士事務所を開業。業績に「若年就業対策としての『14歳の就業体験』支援」（共著）、「企業活動とコンプライアンス－アンケート調査を踏まえた法的責任のあり方について－」（共著）がある。

岡田大作税理士事務所

〒104-0033　東京都中央区新川1-27-8-8 F
TEL：03-3551-4390　FAX：03-3551-4395
E-mail：okada.bpo@gmail.com　URL：https://www.kaikei-home.com/okada/

大久保《おおくぼ》　俊治《しゅんじ》

税理士・行政書士

創業昭和16年。三代続く会計事務所です。
弊社は長きにわたりお客様の様々な相続の現場を見守ってまいりました。特に様々な遺産分割のケースを経験しておりますのでお気軽にご相談くださいませ。また、名義変更等ワンストップで相続業務をサポートしております。

税理士法人オーケーパートナー

〒116-0001　東京都荒川区町屋8-8-7大久保ビル
TEL：03-3892-4426　FAX：03-3895-7330
E-mail：info@okpartner.co.jp　URL：https://okpartner.co.jp/

植﨑《うえさき》　茂《しげる》

税理士・所長

相続の経験は無い方がほとんどです。当事務所では事前相談から、相続発生後の官庁や金融機関等への手続、遺産分配及び相続税の申告までトータルにサポート致します。もしも、相続税の調査があったとしても国税の経験者が適切に対応します。

植﨑税理士事務所

〒110-0015　東京都台東区東上野1-12-2　THE GATE UENO 3F
TEL：03-5807-4110　FAX：03-5807-4115
E-mail：u-tax@agate.plala.or.jp　URL：http://su-tax.com

猪本《いのもと》　秀之《ひでゆき》

公認会計士・税理士

「お客様のための正義」をコンセプトに掲げて、不動産オーナーの税務申告・税務対策を専門に行っている会計事務所です。特に不動産法人を徹底的に活用し、所得税対策のみならず相続税対策やご家族のお悩み全般にお応えしています。生前の対策からご相続後のお子様への承継まで長期に渡りお客様のご家族の幸せを真摯に願い行動している事務所です。

税理士法人ジャスティス会計事務所

〒103-0026　東京都中央区日本橋兜町13番2号兜町偕成ビル本館5階
TEL：03-3639-2027　FAX：03-3639-2029
E-mail：info@jastis.co.jp　URL：https://www.justicetax.com

大澤《おおさわ》　義直《よしなお》

税理士・経営革新等支援機関

「強い者より早い者が勝つ」を合言葉に大沢会計事務所は、レスポンスを第一に活動しております。提携弁護士、司法書士、社会保険労務士等とのネットワークにより、お客様のご要望に応じたサービスをワンストップでご提供致します。

相続全般や事業承継などお気軽にご相談ください。

大沢会計事務所

〒184-0004　東京都小金井市本町1-13-5
TEL：042-383-3247　FAX：042-382-9235
E-mail：osawakaikei0030@gmail.com　URL：https://www.tax-osawa.com/

福島《ふくしま》　美由紀《みゆき》

代表社員

相続にかかわるさまざまな不安を解消し、安心できる未来を創るお手伝いをさせていただきます。相続を「争族」とせず、皆様の大切な「想い」と「財産」を引き継ぐために、相続税申告実績を多く持つ福島会計にご相談ください。

税理士法人福島会計

〒101-0062　東京都千代田区神田駿河台3-6-1菱和ビルディング3F
TEL：03-3526-2636　FAX：03-3526-2637
E-mail：miyuki27@fukushima-ta.jp　URL：https://www.fukushima-ta.jp/

杉山《すぎやま》　盛重《もりしげ》

税理士・中小企業診断士

現経営者から後継者への事業承継を総合的に支援します。主に、①他の士業とも連携した円満な遺産分割、②自社株式や事業用資産負債の承継などの計画的な相続税対策、③戦略立案と経営計画書による経営の承継をワンストップで支援します。事業承継を円滑に進めるためにはできるだけ早い段階から着手することをお勧めします。

杉山盛重税理士中小企業診断士事務所

〒211-0053　神奈川県川崎市中原区上小田中3-23-41　イニシア武蔵新城103号室
TEL：044-789-5079　FAX：044-754-7247
E-mail：info@sugiyamaoffice.jp　URL：http://sugiyamaoffice.jp/

渡邉《わたなべ》　信子《のぶこ》

代表税理士・行政書士・ファイナンシャルプランナー

Art税理士法人は、税理士の渡邉信子が平成10 (1998) 年に開業した会計事務所です。代表の渡邉を含む2名の税理士、総勢9名のスタッフが所属しています。当事務所は、代表の渡邉の目指す『ホームドクター』でありたいという想いのもと、お客様との信頼関係を大切にしており、相続税法の改正、民法の相続に関する改正に対応し、相続や事業承継の支援にも力を入れています。女性の視点からのアドバイスを行っており、各士業とも連携しておりますのでワンストップで相続業務をサポートしております。まずは無料相談にお越しください。

Art税理士法人

〒950-0916 新潟県新潟市中央区米山5番7号
TEL：025-242-3201 FAX：025-242-3202
E-mail：nbn-wata.3s.gdlk7@tkcnf.or.jp
URL：https://art-taxoffice.tkcnf.com/

〈ARTコンサルティンググループ：相談センター〉

東京センター　東京都文京区本駒込5-30-5
（株式会社未来アートブック）
新潟センター　新潟市中央区堀之内50番地11
（一般社団法人グレイスライフ）

土井《どい》　竜二《りゅうじ》

公認会計士・税理士

名古屋駅前の節税・税務調査対応に強い土井会計事務所の代表。神戸大学在学中に公認会計士二次試験に合格。平成10年公認会計士（14376）登録、平成11年に税理士（87781）登録。名古屋エリアに特化して、帝国データバンクや銀行で、知らないと損する会社の節税、上手な税務調査の受け方、事業承継をテーマに講演中。

土井会計事務所

〒450-0002　愛知県名古屋市中村区名駅2-41-10　アストラーレ名駅
TEL：052-462-1967　FAX：052-462-1941
E-mail：ryuji.doi@nifty.com　URL：http://www.doikaikei.com/

成田《なりた》　俊弘《としひろ》

税理士・相続手続相談士

平成18年税理士登録。その後、成田俊弘税理士事務所を開業。
相続は生涯に何度も経験することではありません。いざ相続が始まると、「どのような手続きをすべき？」「うちは相続税の申告は必要？」など、困りごとが多いもの。弊所では、必要な際には他士業と連携を図りながら、不安を解決できるようお手伝いさせていただきます。

成田俊弘税理士事務所

〒456-0032　愛知県名古屋市熱田区三本松町12-26　Le Bois De神宮5A
TEL：052-746-5260　FAX：052-746-5261
E-mail：t.narita@naritax-nagoya.com　URL：https://souzoku-naritax-nagoya.com/

末吉《すえよし》　英明《ひであき》

代表社員

信託銀行との提携による遺産整理業務支援、地方銀行、信用金庫との提携による相談業務支援、年間200回以上の銀行主催による講演を行うなど銀行系税理士の本格派として多くの金融機関から支持されています。京都四条烏丸、阪急梅田、東京品川に拠点を配置し、機動的にお客様の問題解決に努めています。

末吉税理士法人

【末吉税理士法人】URL　http://www.sueyoshi.or.jp
〈梅田〉大阪駅前第２ビル10階　〈東大阪〉東大阪市役所西隣 クリエイション・コア北館308号
【末吉FP支援法人】
〈京都〉四条室町 オフィスワン四条烏丸９階　〈東京〉品川駅高輪口さくら坂 ジョイシティ品川10階
〈阪急梅田〉阪急グランドビル23階

清水《しみず》　龍二《りゅうじ》

税理士

相続・不動産専門の税理士として1000件以上の相談及び300件以上の相続税申告の経験があります。月曜～土曜の10時～18時の間、相続と不動産に強い専門家が相続に関するお悩みを親切丁寧にお聞きします。税金以外にも不動産売却や遺言作成等のお悩みもお気軽にご相談ください。(予約制・初回相談無料)

相続・不動産相談センター /Gful税理士事務所

〒530-0003　大阪府大阪市北区堂島2-1-25堂島アーバンライフ1001-2
TEL：06-4795-6800　FAX：06-4795-7901
E-mail：info@gful.co.jp　URL：https://souzoku-fudousan-center.jp

辻本《つじもと》 聡《さとし》

代表　税理士

当社は、お客様の希望（未来）を実現化するお手伝いを18年以上行ってまいりました。

具体的には、【事業承継計画】【相続資産承継計画】【ビジョン実現型事業計画】の立案支援を通じて、お客様の希望される未来の実現の為の道筋をえがくお手伝いを中心に行っております。

辻本聡税理士事務所

〒810-0001　福岡県福岡市中央区天神1-2-4農業共済ビル4階
TEL：092-406-8077　FAX：092-406-8079
E-mail：info.tsujimoto@snow.ocn.ne.jp　URL：https://tax-tsujimoto.com/

福間《ふくま》 武士《たけし》

税理士

平成23年税理士登録後、福間税理士事務所を開業。

お客様の財産を守る相続生前対策や相続申告業務を行っており、資産税分野に特に力を入れている税理士事務所です。資産税の知識を活用した事業承継のご提案は高い評価を頂いています。相続に関するご相談は初回無料で行っていますのでお気軽にご連絡下さい。

福間税理士事務所

〒810-0001　福岡県福岡市中央区天神3-6-36第一黒田ビル5階
TEL：092-713-6391　FAX：092-713-6393
E-mail：fukuma@fukumazeirishi.com　URL：http://fukumazeirishi.com/

【監修者】

税理士法人チェスター

資産税・相続税専門の税理士法人。現在は職員総数194名、全国に6拠点展開（三越前、新宿、横浜、大宮、名古屋、大阪）。年間1,000件（累計4,000件以上）を超える相続税申告実績は税理士業界でもトップクラスを誇り、中小企業オーナー、医師、地主、会社役員、資産家の顧客層を中心に、低価格で質の高い相続税申告サービスやオーダーメイドの生前対策提案、事業承継コンサルティング等を行っている。各種メディアやマスコミから取材実績やセミナー講師、テレビ出演の実績多数有り。会計事務所向けの相続税申告の支援を行う「チェスター相続ビジネスクラブ」は3,000名を超える税理士が参加している。主な著者に『新版　相続はこうしてやりなさい』（ダイヤモンド社）、『新版　税理士が本当に知りたい相続相談頻出ケーススタディQ&A』（清文社）等多数。

【共同監修者】

円満相続を応援する税理士の会

遺産相続は、場合によっては親族間での遺産争いになることがあり、「争続（争族）」などと揶揄されることがあるほどトラブルの生じやすい問題でもあります。そのような問題をはじめ、いろいろな悩み事の解決を総合的に行っている会計事務所です。 遺言や贈与はもちろんのこと、円満な相続を行っていただくためのお手伝いをします。

【著者】

株式会社エッサム

昭和38 年（1963 年）の創業以来、一貫して会計事務所及び企業の合理化の手段を提供する事業展開を続けております。社是である「信頼」を目に見える形の商品・サービスにし、お客様の業務向上に役立てていただくことで、社会の繁栄に貢献します。

編集協力／野村佳代（アスラン編集スタジオ）
本文デザイン・DTP ／伊延あづさ・佐藤純（アスラン編集スタジオ）
本文イラスト／吉村堂（アスラン編集スタジオ）

事例《じれい》でわかる
絶対《ぜったい》もめない相続対策入門《そうぞくたいさくにゅうもん》
〈検印省略〉

2020年 3 月 22 日 第 1 刷発行

監 修 者――税理士法人チェスター
共同監修者――円満相続を応援する税理士の会
著 者――株式会社エッサム
発 行 者――佐藤和夫

発行所――株式会社あさ出版
〒171-0022 東京都豊島区南池袋 2-9-9 第一池袋ホワイトビル 6F
電 話 03 (3983) 3225 (販売)
03 (3983) 3227 (編集)
F A X 03 (3983) 3226
U R L http://www.asa21.com/
E-mail info@asa21.com
振 替 00160-1-720619
印刷・製本 (株) シナノ

facebook http://www.facebook.com/asapublishing
twitter http://twitter.com/asapublishing

ISBN978-4-86667-200-7 C2034